对外汉语教学
理论与实践——词汇篇

毕彦华 ◎ 著

北京工业大学出版社

图书在版编目（CIP）数据

对外汉语教学理论与实践——词汇篇 / 毕彦华著 . —北京：北京工业大学出版社， 2018.12（2021.5 重印）

ISBN 978-7-5639-6522-9

Ⅰ．①对… Ⅱ．①毕… Ⅲ．①汉语－对外汉语教学－教学理论 Ⅳ．① H195.1

中国版本图书馆 CIP 数据核字（2019）第 021080 号

对外汉语教学理论与实践——词汇篇

著　　者：毕彦华

责任编辑：李晓娜

封面设计：晟　熙

出版发行：北京工业大学出版社

　　　　　（北京市朝阳区平乐园 100 号　邮编：100124）

　　　　　010-67391722（传真）　bgdcbs@sina.com

经销单位：全国各地新华书店

承印单位：三河市明华印务有限公司

开　　本：787 毫米 ×1092 毫米　1/16

印　　张：9

字　　数：200 千字

版　　次：2018 年 12 月第 1 版

印　　次：2021 年 5 月第 2 次印刷

标准书号：ISBN 978-7-5639-6522-9

定　　价：48.00 元

前 言

　　长期以来，我国对外汉语教学界，无论是在语言本体研究还是在教材编纂方面，往往过多关注的是语法教学，而词汇的教学一直是薄弱环节。词汇量是影响学生汉语水平提高的关键性因素，因此，我们应该运用不同的教学方法和技巧扩大学生的词汇量。从语言的本质来看，交际是语言的首要功能。而我们在运用语言进行交际时，是通过一个个句子这样的基本表述单位来完成的。在语言中，词汇是一个句子的基本结构单位。因此，离开词汇，句子的意义就不复存在，当然就无法完成交际，实现语言的功能。实践结果也表明，在运用作为第二语言的汉语的初级交际阶段，就算学习者回避那些难于掌握的语法部分，比如"把字句"等，绝大多数的交际也能获得成功或者基本成功。不符合语法，尚可进行交际、传达信息，但是关键词汇的误用会直接导致交际失败。由此可以看出，词汇学习是第二语言学习重要的任务。

　　汉语词汇教学的重要性体现在其实用性上。因为大部分学习汉语的留学生，他们以后从事的工作与汉语教学和汉语研究并无太大关系，当然也有少部分留学生想继续深造或者做汉语教师、翻译等，但是绝大多数的留学生只是把学习汉语作为有利于自己工作、学习、生活的交际工具。因此，我们要把词汇教学当作汉语教学的重点，对如何快速、有效地扩大汉语学习者的词汇量要加以重视，提高他们运用词汇解决实际问题的能力，从而提高他们的交际能力。

　　《对外汉语教学理论与实践——词汇篇》从汉语词汇教学的内容、特点、原则、方法和技巧等方面，总结和分析不同的教学原则、方法和技巧，以实际课堂教学为例来展示它们的适用性和实用性。本书旨在更好地为对外汉语词汇教学研究和教学实践尽一份绵薄之力，并希冀能够对汉语词汇教学提出一些自己的思考。

毕彦华

2018 年 9 月

目　录

第一章　词汇与对外汉语教学

第一节　词汇研究现状

自 20 世纪 80 年代以来，国内汉语词汇学的研究视野不断扩大，方法有所创新，提出了许多新的课题，对诸如词的结构、词汇单位的类集状态、词义的考释、词义的文化意蕴、词汇的体系性、词汇系统及其变化、词语的规范化等专题的探讨在逐步深入，词典编纂质量也在显著提高，总体上呈现出可喜的进步。然而，与社会文化的需要相对照，与汉语语法学等学科的发展相比较，汉语词汇学的研究仍是相对落后、不够繁荣的。特别是对词义的立体的动态的研究，显得更为薄弱，譬如对词义的形成方式、词义的结构状态、词义由词典义到语境义的转化规律等专题的探讨，并未深入展开；而词义与人的存在、与人的世界的固有关系，更是尚未引起重视。因此，目前汉语词汇的研究，还很少能对社会文化发挥应有的作用，很少能为其他学科提供应有的启示。

一、词的定义研究

1. 什么是词

什么是词？这是一个东西方学者研究、讨论了许多年而至今依然悬而未决的问题。

（1）西方学者关于词的解说

在西方，关于词的定义层出不穷，但是谁也说服不了谁，倒是 20 世纪初瑞士语言学家索绪尔似乎有先见之明，他早就预言道："对词下任何定义都是徒劳的。"

尽管如此，在其后的近一百年中，西方各国的学者从来没有停止过探索，希望给词下一个令人满意的定义。直到前不久，英国学者霍华德·杰克逊（Howard Jackson）和艾蒂涅兹（EtienneZé）（2000）还给词下了如下定义：词是"不可分隔的结构单位，由一个或几个词素组成，通常在短语结构中出现"。

（2）国内学者关于词的解说

国内最早给词下定义的是黎锦熙（1924），他认为："词就是说话的时候表示思想中一个观念的语词"，并进一步解释说："语词简称词，就是言语中间一个一个观念的表示。观念一名意象，英文为 Idea。即一切外界的感觉、反映的知觉、想象乃至概念等，凡是由认识作用而来的，都可叫作观念。用声音或文字来代表这些单体的整个的意象，都叫作词。"此后，王力（1943）将词定义为："语言的最小意义单位"。

吕叔湘（1942）则认为：词应该是语言中最小的意义单位或表现单位。他指出："然则词就是语言的最小意义单位了？对的，可是不完全对。"理由是"词有单纯性和复合性两种：单纯的词同时兼为意义单位和表现单位，复合的词只是最小的表现单位，不是最小的意义单位"。新中国成立后，关于词的定义问题的探索进入了一个新阶段，学者从不同的角度——当然，主要是从语法的角度，对词的定义给出了不同的界定。吕叔湘（1953）将 10 年前的定义修订为："语言的最小的独立运用的单位。"刘泽先（1953）认为："词儿的定义似乎应该是，拼音文字里经常连写在一起的一组字母。"周祖谟（1955）指出："词在语言中是具有一定意义的语言形式，它是最小的能够独立运用的语言单位。"高名凯（1957）指出："词是语音形式和意义的结合，而这意义则是独立的。"孙常叙（1957）指出："词是一个形式和内容统一起来的语言最小单位。"吕叔湘先生在 20 世纪 70 年代末又指出："词的定义很难下，一般说它是'最小的自由活动的语言片段'，这仍然不十分明确，因为什么算是'自由活动'还有待于说明。"张寿康（1981）指出："语言中的词既是词汇学研究的对象，又是语法学研究的对象，同时语音又是词的物质外壳，所以，词与语音学又有关系。因此想从这些方面来概括词的内涵是很不容易的事情。概括说来，如果从词在语言中所具有的物质外壳和包含的内容来说，词是语音和意义结合的一种最小的语言单位；如果从语法的角度来说，词是具有一定的语法特点、在造句法上能自由运用的最小的语言单位；如果从构词法的角度来说，词是由具有意义的构词单位——词素构成的最小的语言单位。"

武占坤、王勤（1983）指出："词是称谓上和造句上独立运用的最小单位。"符准青（1985）指出："我们把词看作语言中有意义的能单说或用来造句的最小单位，它一般具有固定的语音形式。"刘叔新（1990）指出：词是"最小的完整定型的语言建筑材料单位"。葛本仪（2001）指出："词是语言中一种音义结合的定型结构，是最小的可以独立运用的造句单位。"

（3）初步的结论

综合各家的观点，结合现代汉语词的具体特点，兼顾专家和普通群众对词的认知结果即"词感"，我们以为，关于"词"的较好的定义应该是：词是最小的有相对固定的语音形式和适度词长的能独立运用的语言单位。依据这个定义，我们可以从语言片段中将词离析出来。

2. 词的离散性问题

词的离散（分离）性问题实际上是"什么是词"这个话题的延续。如果说"什么是词"关注的是在理论上如何界定词的话，那么"词的离散性问题"关注的则是在实践中、操作中如何界定词的问题。最早提出这个问题的是苏联学者 A.M. 彼施考夫斯基（1925），而以后有关词的离散性问题的讨论中比较有影响的是另一位苏联学者斯米尔尼兹基。斯氏在他的《词的分离性》（1952）一文中明确地指出："在连贯的说话里，在每一个使用词的具体场合，显然，一方面得凭它在语流中间（也就是说凭它跟其邻近的类似的片段之间的关系上），有一定的和充分容易认识的可提选性，另一方面得凭它有高度的内在完整性。""这样说来，词的分离性这个总题就被分成了两个基本问题：词的可提选性的问题，也就是词和词的部分（复合词的组成部分、词干、后置成分等）之间的分别的问题；词的完整性的问题，也就是词和词组之间的分别的问题。"因此，词的离散性问题实际上便成了如何区分词和语（词）素以及如何区分词和短语（词组）的问题。

（1）如何区分词和语素

语素，一般定义为语言中最小的音义结合体，是构词的材料。词和语素的主要区别在哪里呢？即当你在离析一个语言片段时，你如何保证或检验你所离析出来的是词而非语素呢？这实际上并不是一个容易解决的问题。斯米尔尼兹基对此曾有一段独到的论述："整个的词和词的任何部分凭什么来分别呢？很显然，整个的词所以区别于词的部分，凭它有一定的意义上的完备性，那是词的部分所没有的；后者所以只是词的部分，是因为它没有足够的完备性，而在连贯的说话里，在句子里，这种完备性是一个单位跟别的可以类比的单位之间能在语法上结合的先决条件。这样的单位正是词（除了所谓短语性单位，在组织上是词的等价物）。词的部分，它加入连贯的说话里，不是作为在说话里结合起来的组成部分，而只是通过词才成为说话的组成部分的。换句话说，在连贯的说话里，词和词之间的相互关系是这一串连贯的说话的建筑要素，但在这一串连贯的说话里，任何一个词的各部分之间的相互关系不是这句话的建筑要素，而是句子里所包含的词的建筑要素。

（2）如何区分词和短语

若干个语素组合在一块，是词还是短语？这是一个更为复杂的问题，尤其是在词的构成形式同短语的构成形式极为近似的现代汉语中。正因为如此，讨论也就显得格外热烈，也比较深入。综合各家的观点，我们以为：词一般具有结构的完整定型性、意义的整体性、不可扩展性以及适度的词长等特征，而短语则一般不具有这些特征。

① 所谓结构的完整定型性，有三层含义。一是指作为词，应该具有语音形式和意义的相对稳定性，即构成词的几个语素比较牢固地组合在一起，表达一个专指的意义，无论是词的形式还是内容均已经约定俗成，一般不能轻易改变；而短语恰好相反，结构自由灵活，语音形式和意义随意多变，一般不具有稳定性。二是指作为词，应该具有语音形式和

意义的复呈性，即构成词的表示某个专指意义的这几个语素，经常作为一个整体"普遍地、大量地在言辞中呈现，是自然涌现或无意识地用到言辞中的，不是有意识的搬借"。而构成短语的若干个语素因为是临时组合在一块儿表达一个临时的意义，所以往往不具有这种复呈性。三是指作为词，结构上是一个完整的整体，从词内部无法再切分出两个或两个以上的完整定型的类似于词的成分。而短语在结构上并非是个定型的整体，从短语内部可以再切分出两个或两个以上的完整定型的类似于词的成分。

② 所谓意义的整体性，指的是词不仅在结构上是个完整的整体，在内容上也是个完整的整体，所以词的意义往往不是它的构成成分意义的简单相加。而短语的意义则往往是其构成成分意义的简单相加。

③ 所谓不可扩展性，指的是在词的结构中一般不能插入别的成分，若可以插入，就不是词了，而是短语了。最早提出以能否扩展来区分词和短语的是陆志韦先生。陆先生在其《汉语的构词法》一书的第一章第一节中指出：

"通过怎样的手续来鉴定词，从来不是一般的语法书上和构词法的著作里所愿意清楚交代的问题。我们的基本主张是在结构类型相同而长短不同的句子里找出'自由运用'的'最小单位'，也就是词。"

买了一斤牛肉。买了一斤那个铺子里的牛肉。

买了一斤肥肉。买了一斤肥的肉。

下句是上句的扩展，上下句基本上同形式。能拆开的地方指出上段和下段不能属于同一个词；两个边沿（"斤"和"牛"，"肥"和"肉"），当然也不能属于同一个词。拆成的片段不一定是词。任何一段都可能再扩展。扩展到不能再扩展了，留下的小片段叫作词，不论还包含多少个语素。这方法我们管它叫扩展法。

"扩展法"不失为区分现代汉语中的词和短语的一种便捷、直观、具有可操作性且也比较有效的方法，所以问世后得到了学界的广泛认同和极高评价，成为学人鉴别词的重要理论依据之一。在"扩展法"问世近20年后的20世纪80年代初，史有为先生在详细陈述、分析了划分词的可能的标准：语音标准、语义标准因缺乏普遍性而存在的种种弊端之后，再次高度评价了"扩展法"问世的重大意义——"确定了词的划分标准，为解决汉语的词的划分问题奠定了基础"，从而认定"不可扩展性"是"划分词的普遍性原则和系统性原则"，并在此基础上给汉语的词下了这样的定义："汉语的词是在专指的语义下具有不可扩展性的造句语法单位。"

今天看来，陆志韦先生的"扩展法"并不是万能的，因为有些不能扩展的语素组合看作短语似乎更能让人接受，如"生物制品""自由体操""高压电线""集成电路"等；此外"有很多单音形容词和名词的组合是不大能在中间加'的'的，如'大雪''小雨''清水''闲人''怪事''胖娃娃'"。而有些能够进行有限扩展的语素组合还是有不少学者看作词，如"看清""拿出""吃饱""泡透""收回""推翻""叫醒""打倒""弄清"等。至于像"洗澡""睡觉""吵架""打仗""上当""吃苦""看书"等这些具有相当大的扩展空间的组合分歧就更大了，刘叔新先生认为是典型的"离合词"——"合时是词，被成分分离开则大于词"，吕叔湘先生则更倾向于看作短语，他认为："有人主张管这种组合叫'离合词'，不分开的时候是词，分开的时候是短语。可是这种组合的语法特点跟一般的动名组合没有什么两样"，"从词汇的角度看，睡觉、打仗等都可以算作一个词，可是从语法的角度看，不得不认为这些组合是短语。"我们也倾向于将具有一定的扩展空间的组合看作短语。

④ 所谓适度的词长，指的是作为词的语素组合的长短有一定的限制。

这几年，认知语言学盛行，"心理现实性"这个术语想必大家不会陌生。这样，就有这么一个问题：从音节角度来考虑，怎样的词长是具有"心理现实性"的，为大家所接受的。吕叔湘先生认为2～3个语素的组合作为词比较适宜，他指出："从词汇的角度看，双语素的组合多半可以算一个词，即使两个成分都可以单说，如电灯、黄豆。四个语素的组合多半可以算两个词，即使其中一个不能单说，如无轨电车、社办工厂。三个语素的组合多数作为一个词较好"。胡明扬先生（1999）也指出，要考虑广大群众的"词感"，即"从合不从分"，双音节、三音节的组合大部分应采取"从宽"的原则，算作词。郭良夫先生的标准更宽，他认为，凡是包含"人造""国际"等"粘着词"的组合均是词，所以像"人造纤维""国际会议""无轨电车""社办工厂"无疑均为词。近年来海内外一些学者所进行的现代汉语"韵律词"的讨论，其实质也是这个话题的延续。

受美国音系学界20世纪80年代后出现的"韵律单位（Prosodic Unit）"研究热的影响，近些年来，海内外的一些学者对现代汉语中的韵律词产生了浓厚的兴趣，这当然可以看作从韵律角度，而不是语法的、词汇的、意义的角度，来研究词的分离性问题的一种尝试。虽然达成了一些共识，但分歧还是很大，其中也包括我们所关注的韵律词（Prosodic Word）和韵律短语（Prosodic Phrase）的区分问题上存在的争议。如冯胜利先生（1996）认为汉语的复合韵律词以二音节组合最为典型，三音节组合则必须是"2＋1"式，若是"1＋2"式则是短语，至于"大于三音节的组合，譬如四音节形式，必然是两个音步（是两个标准韵律词）的组合"；端木三先生（1997）则认为，不加"的"的定中结构都是复合词，而加"的"的定中结构、述宾结构、主谓结构则是短语；王洪君先生（2000）则认为：韵律词是"语法上凝固的、节律上稳定的单音步或凝固的复二步"，韵律短语是"有规则性语法结构的、停延和音步的音域展敛可以用规则控制的可能多音步"。

理论上的分歧自然带来了具体问题处理上的不同，如"小房间""纸雨伞"等，端木三先生认为是韵律词，而冯胜利先生、王洪君先生则认为是韵律短语；"保险锁厂""一衣带水"等，王洪君先生认为是韵律词，而冯胜利先生则认为是韵律短语。现代汉语韵律词的研究对如何准确界定词以及如何合理有效地区分词和短语等问题的探讨提供了新的思路和方向。冯胜利先生（2001）在其韵律词研究的基础上进一步指出：韵律不仅是人们"词感"的来源，而且是区分汉语词和短语大界的重要依据和标准。当然，在具体区别词和短语的时候，往往得综合起来考虑，不应拘泥于某一点。

3. 词位和词位变体的研究

（1）词位的含义

我们这里所说的"词位"不同于西方一些学者所说的"词项（lexical item）"或"词位（lexeme）"，后者指的是"音与义相互间的结合比较稳定""有固定的形式和功能"可以"构成更大的语言片段的建筑材料"，"一个词项可以是一个词，也可以是两个或两个以上的词"，而其中"等于一个词的词项叫词位（lexeme）"，如"成语就是一种特殊的词位"，"等于两个或两个以上词的词项"则叫"超词位（paralexeme）"，如"扛长工"便是一种超词位。

这里讨论的"词位"显然是受了音位学理论的启发而产生的一个概念。众所周知，在音系学中，各种语音形式的音质差异所带来的结果是不一样的：有的因会引起表义上的差异而被语言使用者关注，有的则不会引起表义上的差异而被语言使用者漠视，具有前一种音质差异的不同语音形式被视为不同的音位，而具有后一种音质差异的不同语音形式则被视为同一音位的不同表现形式，即音位变体。与此相似，在词汇学中，也存在类似的情形：各个词的语音、词形、意义差异所体现的性质、所产生的结果也是不一样的，有的属于同一词的不同表现状态，有的则属于不同的词，前者是同一词位的各个变体，后者是不同的词位。

例如：① 我明天去（看/看看/看望/探望/探视）住院的小陈。

② 我买了一把锁，我想把办公桌上的抽屉锁起来。

③ 应该做个大羊圈，把这些乱跑的羊圈起来。

④ 嗨！这倒是一个（绝招/绝着）！看他怎么办。

例① 中"看""看看"是同一词位的不同变体，而"看"同"看望""探望""探视"则属不同的词位；例② 中的两个"锁"是同一词位的两个变体；例③ 中的两个"圈"属不同的词位，不是同一词位的不同变体；例④ 中的"绝招"和"绝着"是同一词位的两个变体。由此可见，我们这里讨论的"词位"实际上是同一个词的具体表现形式，"它表明了是一个可能包含有不同变异状态的、统合的单位"。

（2）词位变体的研究

属于同一个词位的不同词汇形式就是该词位的变体。词位变体的形成，同时也是词位变体的确认，主要有四种情形，或说四个因素。

① 词的语音形式的变异会形成词位变体。

需要说明的是这种变异并不具有别义功能，即不会带来词的意义的变化，否则，就不属词位变体；而且不同的语音形式各有适用的场合和语境，即处于互补分布状态。其中一种变异是由异读引起的，例如，露（lù）—露（lòu）、结（jiē）—结（jié）、差（chā）—差（chà）、撮（cuō）—撮（zuǒ）、嚼（jiáo）—嚼（jué）；另一种变异是由变调引起的，例如，下雨（yǔ）—雨（yú）伞、一（yí）件——一（yì）碗、不（bú）看—不（bù）走。但并不是所有的异读均属词位变体，下列情形均非词位变体。

第一，有些词的语音形式发生变异后，词义也随之发生了变化，这就形成了不同的词位，而非词位变体。例如，圈（juān）/圈（juàn），前者指的是"用栅栏把家畜围起来"，后者指的是"养猪、羊等牲畜的有栅和栏的建筑"，应属不同的词位。类似的还有眯（mī）—眯（mí）、将（luō）—将（lǔ）、落（là）—落（luò）、倒（dǎo）—倒（dào）、芥（jiè）菜—芥（gài）菜，这5对词均非词位变体，它们就是我们常说的"同形词"。

第二，有些词似乎也属异读，不同的语音形式也处于互补分布状态，且意义上也很难说有多少变化，可问题是，只有一种语音形式是作为词时采用的，另一种语音形式只是作为构词语素时采用的，所以，充其量也只能算是同一个语素的两个变体，而不是词位变体。例如，大（dà）—大（dài）、答（dá）—答（dā）、逮（dǎi）—逮（dài）、吓（xià）—吓（hè）、馏（liù）—馏（liú）、削（xiāo）—削（xuē），每组的后一个均不是词，而是构词语素。词的语音形式的变异所形成的词位变体还有一种现象，那就是"儿化"现象。"儿化"是北京话里的普遍现象，其中不少是书面上不儿化，口语里儿化的，《现代汉语词典》在释义前均用"（～儿）"予以标注。这样带"儿"的与不带"儿"的就形成该词的不同变体。

例如：唱片—唱片儿了、中间—中间儿、口袋—口袋儿、裂缝—裂缝儿、亮光—亮光儿、胶卷—胶卷儿。

②词的书写形式的变异也会形成词位变体。

同样，词形上的这种变异并不具有别义功能，即不会带来词的意义的变化，否则，也不属词位变体。同语音形式的变异不同的是，不同的词形并不呈现互补分布状态。例如，香菰—香菇、赅博—赅博、三和土—三合土、踟促—偪促—局促、龟裂—皲裂、打颤—打战、倒噍—倒嚼、狼籍—狼藉。同义词和词位变体颇容易相混，尤其是等义词，往往会被当作词位变体，倒过来，词位变体也会被误认为是等义词。

③词的语法形式的变异也会形成词位变体。

需要说明的是，这种语法上的变异往往会引起语法意义的变化，而不会带来词汇意义的改变，所以一般也看作不具有别义功能，看作同一个词的不同表现形式。现代汉语中词的语法变异主要是通过词的重叠来实现的，这一点很不同于印欧语系诸语言，后者实现词的语法变异的手段有多种，主要有附加（主要是词尾，如"s""es""ed""er""est""ing"等）、内部曲折、异根等。汉语是分析性语言，主要通过句法手段来表示各种语法意义，词法手段少且不具有周遍性，词的重叠是最常见的一种词法手段，主要发生在一部分名词、量词、动词和形容词身上。

二、汉语词汇的研究综述

研究汉语词汇应首先把握好词汇与语法相比较而言的独有特性：词汇是整个语言的中心单位，而语法则是语词的组合规则；语法是一种封闭系统，相对稳定，而词汇则是一种开放系统，变动不居；语法与人的世界没有直接的关联，而词汇则是人的世界的反映，其直接关联极为密切。然后应该循此以进，吸收哲学大师卡西尔、海德格尔等人的语言哲学思想，立足于"语言在人文事实中的地位"，更新语言观念，恢复词汇本相，领悟结构主义语言观念的精细而超越其片面，冲破被封闭的语言"形式"，突出被淡忘的词汇"意义"，邀回被排除的"外部"要素，探究被搁置的"言说"活动。而这里最为重要的则是，一切从"人"出发，确立理解词语、认识世界、观照人的自我的新的研究目标，对历史与现实的汉语词汇事实做立体的、动态的研究。为此，下文试图拓宽符号论、本体论、言说论的三维视野，对汉语词汇研究进行以人为最高目标的综合思考，以期探讨汉语词汇发展的内在深层规律。

1. 符号论研究

语言是符号系统；词是具有独立而确定的语音形式、表达稳定而单纯的意义内容、能在语法规则支配下自由运用的语言符号；词汇是语言中词和固定语依据自身的形式、意义、功能、结构诸方面特征相互联系而形成的总汇。因此，研究汉语的词和词汇，首先不能不确认其符号性质，从符号论的角度对它们进行系统的观察与思考。

符号，简单地说，是人类群体以约定俗成方式创造的、用来指代一定事物的标志物，是能够引起关于对象的观念的东西。符号由可以感知的物理形式即"能指"与可理解的意义内容即"所指"结合而成，这种结合具有任意性和依存性；符号在一定的"语境"里发挥指称事物、表达意义的作用。在人所创造的各种符号中，语言是第一性的、最基本的符号系统，是人类最重要、最完善的交际工具和思维工具。语言最重要的特性是系统性，它主要表现为具有线条性和层级性，能构成组合关系和聚合关系。以上大致就是当代一般汉语词汇研究者所依据的基本观点，然而在事实上，符号问题，尤其是语言符号问题，远不如此简单。

正如卡西尔语言哲学已经证明的：语言符号及其功能，是人类与动物得以严格区分的主要标志。人与动物都生活在自然的物理世界之中，但对于外界的刺激，人的"应对"与动物的"反应"却有本质的不同。除了一般动物都具有的感受器系统和效应器系统以外，人还发明了语言符号系统的第三环节，存在于感受器与效应器之间，改变了整个人和人的生活。事实上，语言符号的形成过程中，已经包含了对万千事物的分类、概括与解释；在语言符号的运用过程中，它能将指称对象"引渡"到人的认识活动中来，从而充当人的"直接认识对象"，使人在并未直接面对指称事物而只是面对语言符号时，也能在脑中形成与指称事物相似的反映，也能以间接的方式观念地再现指称事物，进而形成以语言符号为起点的认识，开始以语言符号为中介的理论生活与反思生活过程，并在这一过程中使人的主观意识外化为现实的、外在可感的信息运动，表现出自己的实践功能。

语言的实践功能是多方面的，最主要的有获取信息的功能和建构世界的功能。获取信息的功能，是说人们直接地理解和掌握了语言符号的意义，就间接地认识和掌握了语言符号所指代的事物，获取了事物的信息，领会了前人赋予它的意义和价值，形成了以语言符号为直接对象的认识，并进而使符号信息内化为主观的思想、知识，直到上升为创造的动机与目的，在建构意义世界、文化世界的实践中发挥启动和指导作用。建构世界的功能，是说人们可利用有意义的语言符号创造观念，以超越现实世界的事事物物及其组合秩序，去按照人自己的理想蓝图，将语言符号依据新的想象的逻辑秩序加以重新组合，从而观念地构想事物和世界的未来发展，构想在现实中并未存在，但在观念上、逻辑上又都合理的美好的社会文化图景，激起自己的向往之情与努力信念，将目的作为信息指令输出，使目的信息发挥创造的能动作用。

获取信息功能与建构世界功能是互相依存、互为因果的。当人们使语言符号充分地显示出这样的实践功能，人就可以不再只是生活在单纯的自然世界之中，而是有可能生活在新的实在之维中，不断地改造和超越现实，创建起自己的意义世界、语言世界、文化世界。发明语言符号并运用语言符号创造文化，是人类最本质的特征。因此，应当把人定义为符号的动物，定义为语言的动物，"来取代把人定义为理性的动物。只有这样，我们才能指明人的独特之处，也才能理解对人开放的新路——通向文化之路"。

总之，在充当交际工具和思维工具的同时：引渡指称事物，获取符号信息，使人形成以语言为起点的认识；解释自然世界，建构文化世界，使目的信息发挥创造的能动作用；在发展进程中不断地引渡新的事物充实文化世界，不断地引导更多的人进入文化世界，从而形成语言的与文化的传统；所有这些，都是语言符号的实践功能，也是语言符号的存在价值，又是语言符号系统不断发展的内在动力、真实归向和规范原则。语词符号的种种特性，语词符号的种种规则，词汇词义的发展规律，很大程度上都能由此得到合理的深刻的解释。我们研究语言和它的词汇，应该对此有深刻而坚定的认识，应该注重由此去探究汉语及其词汇的本质、规律与功能。

2.　本体论研究

符号是以可感知的形式通过感觉来显示意义的现象；符号是人类意义世界的一部分。语言符号正以其揭示意义的功能和价值，关系到人的存在与发展，显示出人类的最本质特性；语言是人的语言，人是语言的人。因此，研究语言的词和词汇，在确认其符号特性以后，不能不进而探讨它们对意义的揭示，并因此从本体论的角度对它们进行系统的观察与思考。

所谓的"本体论角度"，主要是指从人的存在方式、存在意义的角度来观察与思考：人是如何以语言的方式来揭示世界的存在并进而显示自身的存在的，人对世界存在的揭示和对自身存在的显示又是如何推动与制约词汇的发展的。这里的一个关键性环节，就是语言的语词符号所揭示的意义，即词义。因为，词义是词所表达的全部内容，是对事物的概括性反映和对存在的解释性揭示，它包括词所指称的存在对象和这一对象在人心灵中形成的心灵概念。正是词义，正是词对意义的揭示，直接展现了人对世界存在的揭示和对自身存在的显示。

人的存在方式和人的生活世界都与动物的根本不同。简而言之，人是在其存在中唯一能"领悟"自己存在的存在者。人的基本存在方式，是在打交道的过程中对"存在"的"理解"，是在"理解"之后形成关于存在对象的心灵概念，是在形成心灵概念之后以命名的方式将存在对象语词符号化，是在语词符号化之后以语词符号"揭示"存在对象，将自己的理解和愿望投向存在，并运用语词符号重组存在，建构起一个自己的意义世界、语言世界、文化世界。卡西尔将人所独有的这种存在方式概括为"劳作"，强调"正是这种劳作，正是这种人类运动的体系，规定和划定了'人性'的圆周"。

海德格尔则坚持认为，命名造词是人的最原初的活动，其本质是以命名的方式揭示事物的存在；正是在命名造词中，人对存在的理解得以实现，人也因此能够处于存在的展开状态之中；因此，语言是存在的家园，人就在语言建构的家园里生活、发展。所以，人的本质，世界的意义，都要通过语言尤其是它的词汇才能得到显现；语言是人的历史性生存的基础，是人改造自然世界、建构文化世界的工具、条件与体现。人主要是通过语言尤其是它的词汇对世界经验进行理解与解释，从而拥有世界、创造世界，从而实现自我、超越自我。

可是，词，作为事物的名称，作为语言的建筑材料，何以就能具有如此重大的本体论意义？第一，人之所以要命名造词，总是为了指称特定事物，表达特定事物的"意义"；而人之所以要指称特定事物并表达其"意义"，从根本上说，又总是为了揭示世界的存在，显示自身的存在，进而发挥自己的主体性，解释世界、改造世界、重建世界。第二，人要命名造词，要形成词义，其前提必须是对世界万千事物进行分类，分类是语言的基本特性。而人对世界万千事物的分类，固然要受事物本身的特性所制约，但更主要的却"都是被特殊的需要所决定和支配的，并且显然地，这些需要是根据人们社会文化生活的不同条件而变换着的。人类语言总是符合于并相应于一定的人类生活形式的"。

与对事物的分类相伴随，人又必须对特定种类事物的区别性特征做进一步的概括。而概括，也主要是遵循人的旨趣所指的方向，凝聚关于该种事物的体验和经验。事物多种特征中只有关乎人的期待或活动焦点的特征，才能在诸多感觉表象中被"注意"到，才能获得"意义"的标记，作为命名的依据。于是，对事物的分类与概括，既揭示了事物的存在，又融进了人的理解与体验，体现了人的兴趣与需要，显示了人的存在与价值，并且为后来者的认识提供了基础和参照。第三，语词符号一旦形成和流传，就充当起人的"直接认识对象"，人就可以不再直接面对事物而开展以语词符号为起点的认识活动，并且因此培养出符号化的想象力和智慧，锻炼成一种追求可能事物的建构力和信心，从而建立起解释世界与创造世界的"主体性"。

由此可见，语词符号绝不仅仅是事物的指代者，也不仅仅是人的交际工具和思维工具，而且还在一定的语境中具有重大的本体论意义。人既以语词符号揭示世界的存在，也以语词符号展现自己的存在，完善自我的心智。与此相应，人的存在方式、人的自我完善，也理所当然地成为语词符号不断发展的内在动力、真实归向和规范原则。语词符号的种种特性，语词符号的种种规则，词汇词义的发展规律，在哲学上都能由此得到合理的、深刻的解释。我们研究语言和它的词汇，应该对此有深刻而坚定的认识，应该勇于由此去探究汉语及其词汇的本质、规律与功能。

3. 言说论研究

索绪尔在语言学方法论上的一个重要贡献，是严格区分"语言"与"言语"。一方面，他既认为"这两个对象是紧密相连系而且互为前提的"；另一方面，他又强调，两条路应该分开走，仅仅以"语言"为语言学的唯一研究对象。他的这一创见，有力地推动了现代语言学的确立和发展，然而也留下了一些遗憾。因为，从理论逻辑上说，"语言"与"言语"既是"紧密相连而且互为前提的"，那么，完全搁置了"言语"，也就不能透彻地研究好"语言"；况且，语言符号的意义在于其指称对象，而其指称对象却只有在事实中才有其存在。从实践功能上看，只有每时每刻都在发生发展的言说，才能使语言符号的信码得到实现与增值；只有活跃的生活形式——特定时代、社会、文化中人们共有的行为方式，才是语言的意蕴背景和词义的现实内容。这正如利科在《言语的力量：科学与诗歌》一文里指出的："语言事实只有与话语的结果相联系时才能理解。在所有的场合下，证明潜在含义的合理性，都是为了达到现实的含义。"因此，研究语言的词和词汇，在确认其符号性质以后，在探讨其本体特性以后，还不能不进而转移到语用平面，考察其语用价值的实现，从言说论的角度对它们进行立体的、动态的观察与思考。

按照一般的说法，言说是人们运用语言以互通信息、交流思想、协调行动、组织社会生活的交际活动。而海德格尔则强调：真正的言说，是将话题所及的存在者从其掩蔽状态揭示出来，使之展现于人，并进而又将听者引入与所谈及的事物的揭示关系之中，亦即语言世界之中，其过程体现着人的独特存在方式；"人是能言说的生命存在。这一陈述并非意味着伴随着其他能力而也拥有语言的能力。它是要说，唯有言说使人成为作为人的生命存在。作为言说者的人是人"。为此，他进而具体地指出，语词，只有处于断定之中才与存在发生联系，只有在一定言谈语境中才在本体论上具有意义。

言说，作为揭示存在、体现存在的一种对话活动，是由许多因素组合起来的系统，其内部结构主要包括说者、听者、语境和话语（言语）四个要素。这四个要素相互依存、相互制约、相互影响。说者正是立足特定语境运用语言来创构个性话语以影响听者，听者正是结合特定语境解释话语来生成整体意义以回应说者。从言说论角度研究语词、语义，最重要的是要研究说者、听者与语词符号的不同关系，研究语词符号由词典义转化为语境义的基本规律，研究语词符号在特定语境中的语用效应。而其基本方法，则如邢福义先生在创论"小三角"理论时指出的："重视在比较中考究研究对象的语用效应，回答它到底有何价值的问题。"

只有这样，我们才能探查语词符号在特定语境中如何关联着世界的存在，如何显示着人的存在；只有这样，我们才能描述词义结构中与所指义、关系义相并立的语境义；也只有这样，我们才能总结好语词符号的词典义，检验好前人总结的语词符号的词典义。

由此可知，无论从符号论还是从本体论的角度看，无论从潜在意义实现还是从交际功能完成的角度看，无论从语词的选择使用还是从词义变化发展的角度看，对于语言及其词汇来说，言说都不是全然外在的东西，而是一个不可搁置的研究对象。语词符号的种种特性，语词符号的种种规则，词汇词义的发展规律，最后都能由此得到合理解释。我们研究语言和它的词汇，应该对此有深刻而坚定的认识，应该最后由此去探究汉语及其词汇的本质、规律与功能。

4. 以人为目的的综合研究

汉语词汇研究的符号论视角、本体论视角、言说论视角，尽管各有所见，各有其用，但却不是在同一平面上分割对立、互不关联的三个研究视角。符号论强调语言符号系统是存在于人的感受器系统与效应器系统之间的第三环节，具有获取符号信息、建构人的世界等多种功能；语言符号的这些实践功能，同时又是语言及其词汇不断发展的内在动力、真实归向和规范原则。本体论强调语词符号在一定语境中具有本体论意义，人既以语词揭示世界的存在，也以语词展现自己的存在，完善自我的心智；与此相应，人的存在方式和自我完善，也理所当然地成为语词词汇不断发展的内在动力、真实归向和规范原则。言说论则立足语用平面，强调言说不完全是词汇之外在事物，只有在言说中，语词的潜在意义才能转化为现实含义；而真正的言说活动，是将话题所及的存在者从其掩蔽状态揭示出来，使之展现于人，同时又体现出人的独特存在方式。因此，这三个研究视角都是以人为目的、以人为核心分别展开的，同时，也应该以人为目的、以人为核心综合起来。这是汉语词汇研究的高层次的新综合。只有进行这种高层次的新综合，我们才能在现有成果的基础上，对汉语词汇开展真正的、立体的、动态的研究，才能在研究中逐步实现理解语词、认识世界、观照自我的新目标。

现在的关键问题是：如何以人为最高目标，将符号论角度、本体论角度、言说论角度结合起来，由理论思考到实际操作，使之各有所见、各尽其用、相互验察，以实现汉语词汇词义研究的新综合与新目标。

这是一个难度极大的新课题。我们目前只有一个很不成熟的初步想法：最好能立足特定语境，本着对话精神，使汉语词汇词义事实的研究立体化、动态化，并尽可能将立体化研究与动态化研究有机地结合起来。具体地说，当我们在话语中选定汉语某一特定的词汇词义事实作为研究对象时，就以现有的词汇学成果为基础，首先分别从符号论、本体论、言说论三个视角出发，逐步观察和分析研究对象的不同层次和不同侧面，并且努力使观察与分析都由各自的角度指向研究对象的本质，然后比较综合，全面描写，从而形成一个立体的研究整体。然而，这三个角度的研究不是平列的，更非无序的，而是先从符号论角度入手，继而上升到本体论角度，然后延伸到言说论角度，把握好说者、听者、语境和话语四个要素的互动关系，分析语词的选用，分析语词的组合，分析义位的变体与结构，分析对新的义位的孕育，分析新义位、新语词的产生，分析这一切对事物存在的揭示和对人的存在的显现，从而形成一个动态的研究整体。只有尝试着从事这种立体研究与动态研究的有机结合，我们才有可能更为深刻地理解词语、认识世界、体现人的存在方式与自我完善。

第二节 对外汉语词汇教学的现状

词汇学习是语言学习中的一个重要环节。胡明扬（1999）指出，词汇教学理应在对外汉语教学中占据一个重要位置。但是长期以来，词汇教学一直是对外汉语教学中的一个薄弱环节，并且多年来没有显著的改进。近几年，该状况有所改观，词汇教学越来越被人们重视，出现了数量较多的论文论著。

一、理论基础

词汇教学理论目前主要有三种。

1. 词本位

这种理论几十年来在对外汉语词汇教学中始终占据着主导地位，以此为理论基础编写的教材中生词只给词义，不给字义，不考虑构词因素，不对汉字（语素）和构词法进行解释。

2. 字本位

近年来，为了更有效地进行对外汉语词汇教学，有的对外汉语教学专家提出"语素教学法"（盛炎1990，吕文华1999），法国汉学家白乐桑则明确提出"循汉语本来面目进行教学"的"字本位教学法"。关于汉语句法结构的基本单位是"字"，还是"词"，贾颖（2001）认为：汉语句法结构的基本单位是"字"，而不是"词"，"字"在汉语中有着非同小可、举足轻重的地位，在汉语教学中也是这样。字与词是汉语与西方语言最大的区别之一。而与之相反，任瑚琏（2002）则认为：汉语造句的最小单位是"词"，不是"字"，对外汉语词汇教学应该以词为基本单位。理由是：第一，言语交际以词为基础进行。第二，教学的基本单位应该是词，言语交际的基本单位决定教学的基本单位。字的教学也须立足于词，并为词的教学服务。第三，以词为基本单位教学，符合世界语言的共性。

3. 篇章语言学理论

曹慧（2002）认为，篇章语言学对词汇教学具有理论借鉴意义。她指出：这里所说的篇章，是指一般有意义、传达一个完整信息、逻辑连贯、语言衔接、具有一定交际目的和功能的语言单位。它依赖于语境，可以被读者接受，是文字的而不是口头的，但包括口语材料。当面对一连串的话语时，语法学家关心话语本身的语法和词汇形式，言语行为理论关心用语言在做什么即它们的功能；篇章语言学关心的不只这些，还有一连串语言被感知为一个负载信息的言语行为的过程，即语言与应用语言的语境之间的关系，词汇知识的获得过程应该是主动的、动态的。我们的任务是为这个过程创造条件。词语只有在话语、篇章中才有意义，才能"活"起来。篇章是词语生存的土壤和条件，创造真实自然的语境，建构和解读承载词语的篇章，应是词汇教学的着眼点。词本位重视词在句中的整体意义与功能，字本位重视语素义对词汇意义理解的作用，而篇章语言学看重上下文对词的意义和功能的塑造作用。

另外，作为句法理论的配价理论也多少对词汇教学产生了一些影响。法国语言学家泰尼耶尔借化学"价"（valency）的概念提出了语言学中的配价理论。邵菁（2002）主张在对外汉语词汇教学中运用配价理论的一些基本原则和方法。这些原则和方法包括以下五个方面。

① 在语义配价的基础上兼顾句法配价，提高学生的句法能力。

② 注重词语的价质和价量，提高学生使用词语的准确性。

③ 区别一般句法规则和配价的特殊要求，减轻学生的学习负担。

④ 突出词的特有语义要求，保证搭配的有理性。

⑤ 注意必有成分和可有成分的教学，以及它们对句子结构和功能的影响。

各种理论都有自己的优势和适合教学的一面，在实际教学过程中，应注重各理论与汉语词语特点的结合，强调多种理论的相互配合，探索出适合词汇教学的多种路子。

二、教学法的探讨

近几年所能见到的论文中涉及词汇教学方法的主要有以下几种。

1. 词语的集中强化教学

陈贤纯（1999）指出，由于我们对语言习得过程缺乏了解，以至于除了语言阶段和句型阶段以外，我们的教学从总体上来说仍然处于误区，效率比较低，主要是词汇量问题没有解决。他提出一条改革思路：取消精读课，在中级阶段进行词语的集中强化教学，要使每一个新词语都在不同的上下文中反复出现。在教学中，他主张利用类似、对比、联想、连接等方法，使词语进入网络，并且把整个网络端给学生，使每个词都进入一定的语义场，分三个循环进行集中强化记忆。这种方法的特点是遵循了语言习得的规律，难点在于教材的编写。

2. 集合式词汇教学

北京外交人员语言文化中心的胡鸿、褚佩如等（1999）尝试了一种新的词汇教学法。其特点是：集合式的词汇划分及由此而展开的教学活动、句型本位、练习☐（包括课堂交际练习）的主体地位等。这种方法的教学对象多是在京工作和生活的外交官、记者、联合国人员以及部分商社职员及其家属等。

3. 分课型词汇教学

阅读课上的词汇训练：刘颂浩（1999）认为，帮助学生积累词汇是阅读训练的首要任务，他指出，阅读课词汇学习的重点应该是实词而不是虚词。实词的练习方法有五种：辨认、联想、搭配、评价、总结。他的目的是，在总结对外汉语词汇教学经验的基础上，吸收英语词汇教学理论，提出一套较为系统的阅读课词汇训练方法。

综合课上的词语教学：李珠（1998）说，长期以来初级阶段综合课存在着重语法教学，轻词语教学的倾向。她提出初级阶段综合课分为两个阶段，第一阶段侧重语法教学，第二阶段侧重词语教学，语音教学贯穿始终。《初级汉语课本》第一阶段词多为基本词汇且实词居多，虚词都是作为语法点进行教学，因此，这一阶段词语教学是以语法句型为框架，词语嵌入其中。第二阶段词汇量大量增加，且虚词比重加大，因此，这一阶段侧重词语较多，遵循的原则是：第一，词语教学应与语境挂钩，避免脱离特定的语境，孤立地讲解某个词语的用法；第二，词语教学与语法教学结合；第三，词语教学应以培养学生语段篇章能力为目标。

其他教学思路：胡明扬（1997）最早提出初级、中级和高级阶段语汇教学的设想。他说，"初级阶段词汇教学的主要任务是要求学生掌握一批最常用的词语的基本意义和主要用法，中级阶段词汇教学的主要任务是帮助学生扩大词汇量，高级阶段词汇教学的主要任务是加深学生对汉语词语的'原义'的理解。加深对两种语言的词语差异之处的认识，并逐步培养学生正确运用汉语词语的能力"。

陈绂（1996）根据欧美留学生的认知特点和对汉字与汉语词语理论知识的缺乏分析得出字词教学要取得更好的效果需要做到：一方面，扩大教师队伍，拓宽教师自身的知识结构；另一方面，加强理论教学。

任瑚琏（2002）基于对教学应以词为基本单位的认识，也提出相关的教学策略：第一，以最小数量的字承载最大数量的词；第二，扩大汉语拼音的应用范围，这样，可以在最低限度汉字的范围内，不增加用字而获得更大的用词自由。

与此同时，基于"字本位"理论的学者也纷纷提出自己的教学方法。贾颖（2001）对词汇教学提出了建议：第一，给词汇教学应有的地位；第二，先教基本词汇中的单音节词；

第三，汉字与复合词的教学同步进行；第四，汉语构词法给教学提供了方便。

肖贤彬（2002）也赞成这种"循汉语本来面目进行教学"的方法是可行的、有效的。赵果（2002）认为，在对外汉语教学的词汇系统中，可以根据语义透明度的高低和语素的搭配能力分为三类，并根据每类的特点采取不同的教学策略。

曹慧（2002）主张在篇章层面展开词汇教学。她说词语只有在话语、篇章中才有意义，才能"活"起来。另外，邵菁（2002）还提出以语义配价为基础，句法配价为补充的词汇教学法。同年，林宝卿写文章建议汉语词语教学应导入中华文化的辩证思维方式。此后，傅瑞华（2003）又强调重视词汇教学中的意识增进，即强调汉语教学应当重视学生的认知系统，教师应尽量采用认知的教学策略，给学习者传授有效的汉语学习方法。

三、教材编写

教学法和教学思路的实施第一个遇到的问题就是教材。近年来出版的教材普遍存在以下问题。其一，大都以"精读"为主，课文比较规范，语法讲解细腻。这样留给学生的空间就会减少。"精读课"的最大局限在于课堂实践太少，学生的学习机会受到限制。其二，词汇学习是孤立的、死记硬背式的。一般教材的"生词"部分大都为"生词—拼音—注释（外文翻译）"模式，这一模式容易形成一种中外文词汇对应的错误观念。其三，练习数量不够，词语重现率不够。

通过对上述各种改革思路和方法的介绍，我们不难看出许多有经验的教师都能预感到实现种种构想的困难在于教材的编写。陈贤纯（1999）在提出词语的集中强化教学改革构想时指出，若实现这一构想，就须对教材进行重新编写。他说，"过去精读课教材的编写方法是先找课文，然后从课文中挑生词做词表和词语例解，挑语法点做语法注释和练习，选课文有很大的自由度；而按词语强化教学的构想是先做词表再选课文，课文必须重现词表上的词语，而且要多次重现。过去是根据课文选生词，现在是根据生词选课文"。北京外交人员语言文化中心的胡鸿、褚佩如等经过对教学对象的研究及对教材教法的探讨，决定尝试一种新的教学方法，即集合式词汇教学。

在词语教学教材编写中，他们提出应注意几个方面的问题：第一，汉语词汇本身具有内在联系，并且有规律可循；第二，由于受母语影响，学生已习惯于将汉语词汇与母语词汇对应着来学习，从一开始就向学生指出汉语与他们母语之间的差异，利用词汇集合，设置不同场合，设置不同词语搭配，在练习中学习辨别。在课型设计中，练习占据了主体地位，贯穿于教学的全过程。"语素法"和现行教材也存在一些矛盾。吕文华（1999）指出，"迄今为止对外汉语教材的语法体系仍只讲词、词组和句子"，也就是说，语素尚未作为一个层级的语法单位纳入对外汉语语法教学体系之中。

肖贤彬（2002）指出，语法体系如何体现在教材特别是对外汉语教材中，仍然是一个需要不断探索的问题。他说，语素法教学中，应多给学生感性的材料和例子，少讲或不讲语言知识，可在词汇教学中实施语素替换和扩展的训练。对于未来贯彻语素法理念的教材，不必花篇幅过多地介绍语素知识。同时，他指出目前国内大部分教材在控制词汇等级方面失之于过严，"语素法"教学中，用已经学习的语素为基础进行构词扩展必然会超出等级范围，由于词语之间意义上相关，学生容易形成类记忆，不会加重记忆负担。

黄香山（2001）则针对东南亚华文教学的实际提出了自己的见解：为了有别于国内高等院校所使用的各种汉语词汇教科书，使之更加适合东南亚华文教学的实际需要，首先应以第二语言教学为立足点和出发点让读者在与母语或其他语种比较的基础上，感受并把握汉语词汇的特点，从而体现教材本身的特点。

为此，教材应包含以下两方面内容：第一，汉语词汇与民族文化背景的关系；第二，东南亚华语词汇的变异现象。最后总结得出词汇部分的教材编写应体现特点、突出重点、解决难点。

四、古汉语、新词语、特殊词语的教学

1. 古代汉语词汇教学的探讨

古代汉语词汇教学是古代汉语教学的重点和难点。高惠敏（2001）从古代汉语词汇教学的作用、目标、原则及教学方法等方面对古代汉语词汇教学进行了探讨，认为应加强古今汉语的联系，使古汉语教学成为扩大学生汉语词汇量的一个有效途径。她提出了四种可行的教学方法：第一，组词联想；第二，同义、近义归类；第三，由本义引出词的引申义；第四，通过成语、俗语中的意义来引出古代汉语词的意义。

2. 汉语新词语教学探讨

在 20 世纪八九十年代，中国进入一个全新的时期，反映在语言文化生活领域的一个显著特点就是汉语中涌现出大量的新词，并被人们广泛使用。对此，整个汉语研究界都表现出了极大的热情，发表、出版了不少研究汉语新词语的学术论义。但遗憾的是，汉语教学界，尤其是对外汉语教学界反应相对冷淡以致严重滞后。汤志祥（2002）就此现象予以关注并发表了自己的看法。第一，应该明确认定。汉语新词语和新词义问题是当前汉语教学中的一个重要课题，也应当予以关注并设法给出相应的教学安排。第二，对外汉语教学的纲领性文件《汉语水平词汇与汉字等级大纲》既然是一个对动态的词汇系统进行详尽的描述的强制性和规范性大纲，就有定期修订的必要。鉴于汉语新词语的发展变化速度很快，上述大纲至少应该 10 年修订一次，最好三五年出一个补充词汇集，以便给教学工作和教科书编纂提供一个可操作的指导。第三，在中高级开设的报刊阅读课和当代话题课教材应该每两年出一个修订版，以便不断更新词语，避免教材陈旧落伍。各校也应自行编写短小的补充教材，以弥补教材出版的周期限制并增强教材内容的时效性。第四，在各大学留学

生本科汉语专业（特别是研究生）的教学计划中应开设反映汉语新变化的课程。

3. 特殊词语教学探讨

特殊词语教学的研究刚刚开始，虽然取得了一定成果，但是无论从其广度还是深度来讲都需要做进一步探索。

对外汉语词汇教学发展至今，在理论建设、教学法、教材的编写等方面都取得了许多成果，并逐步结合汉语自身的特点进一步向系统化、规范化方向发展。通过对词汇教学研究成果的回顾与分析，我们得到的启示是：第一，在遵循认知规律的前提下，针对不同教学对象和学习目的，提倡教学方法的多样性；第二，不管采用何种理论，其研究和实践都要符合汉语的特点；第三，教材必须进行大改动，可根据不同的教学法编写不同的教材，提倡教材的多样性；第四，设置配套的词汇教学方法和练习形式。

第三节　对外汉语词汇教学的重要性

随着近年来国际交流越来越多，中国文化的传播显得尤为重要。对外汉语教学作为外国留学生了解中国语言文字、中国古典文化及历史渊源的重要手段，其重要性日益明显。许多学者分别从不同角度对对外汉语教学进行了阐释和说明，提出了很多具有建设性的建议。如果想形成具有实用交际性的对外汉语教学手段，就要有明确的"以什么为中心，通过什么样的教学手段及方法"的思路。在语言教学中，词汇的基础性应该贯穿对外汉语教学的始终。

一、汉语词汇特点与对外汉语教学

1. 汉语词汇的特点

语言由语音、词汇和语法三大要素构成。语言的不断发展变化，在语音、词汇和语法三方面都有所体现。其中语法是较为稳定的，语音其次，词汇不断更新。以《现代汉语词典》为例，第1版（1978年12月），共收词5.6万条，第6版（2012年6月），词条数量6.9万，也就是说，30多年来，收录进《现代汉语词典》的词条就增加了1.3万。新词逐渐出现，也有一些词慢慢就不用了，口语和书面语中都不再使用。

汉语的词汇有以下特点。

（1）以单音节语素为基本形式

语素是语言的最小单位，也是构词的最小单位。以单音节语素构词是现代汉语词汇的突出特点。口头上，一个单音节语素指的是一个带声词的音节，在书面上是汉字。

（2）语素构词以五种语法结构为基本形式

语素和语素组合成词语是有语法规律的，它同词与词组合成短语的五种基本结构是相同的。这五种组合方法是并列、偏正、动宾、动补、主谓。

以上五种结构也是新词产生采用的主要结构，尤其是并列、偏正、动宾这三种方式。其中动宾结构不断增加，尤其需要注意。

（3）常用词的音节数以单音节和双音节为基本形式

汉语的词由单音节词向双音节词发展，这是古代汉语向近代、现代汉语发展的一个重要特点。两个语素构词，词和词可以相应成为词组，比如，以"电"为第一个语素，和另一个语素组合的词有：电报、电表、电车、电池、电灯、电路、电视等。三音节词近现代较古代有明显的增加，特别是近几年，三音节词的数量不断增长。如"性"作为后缀的三音节词，有相当多的词，成了一个词组。如逻辑性、代表性、敏锐性、可行性、盲目性、科学性、原则性、系统性、决定性等。像"性"这样的后缀，又有化、家、员、者、派、生、素、论、式、品、纲、度、法等，在它们充任不自由语素时，意义已经虚化了。

目前来看，汉语的多音节词发展到了四音节就不再向更多的音节发展。另有一些专有名词或科学术语甚至一般用语，喜欢用两个双音节再行组合，又成了四音节词语：精神文明、物质文明、遗传工程、边缘科学、运载火箭、机器翻译等。

（4）利用重叠词或含有重言成分的词是汉语词汇构造的又一特色

根据重叠有无原型可以把它们分成两大类。

① 有构词原型。

AA式：人—人人；天—天天；家—家家。

ABAB式：研究—研究研究；讨论—讨论讨论；调查—调查调查。

AABB式：整齐—整整齐齐；热闹—热热闹闹；大方—大大方方。

AAB式：读书—读读书；冰凉—冰冰凉；跑步—跑跑步。

ABB式：冷清—冷清清；慢腾—慢腾腾；干巴—干巴巴。

A里AB式：糊涂—糊里糊涂；啰唆—啰里啰唆；模糊—模里模糊。

② 没有构词原型。

最典型的就是"单字+叠字"或"叠字+单字"类，如绿油油、黑乎乎、白茫茫、呱呱叫、毛毛雨。

2. 根据汉语词汇的特点有的放矢地进行对外汉语教学

对外国学生进行汉语词汇教学，一个重要的前提就是要充分认识、理解和把握汉语词汇结构的基本特点，即以语素为基础，按照汉语短语结构的基本规则构词，从而使形成的复合词在结构上与短语保持一致。

① 在对外汉语教学中，应当利用现代汉语词汇以单音节语素为基本构词单位的特点，牢牢抓住汉语"音节—语素—汉字"三位一体的这个中心，让学生在感性上能够体会到汉语词汇构造的基本特征。一方面让学生掌握基本词汇，同时能初步了解单音节词可以充当语素参与构词的作用，即了解语素在复合词中的显义作用，根据生词中学过的语素来推测词义，不断扩大词汇量，起到举一反三的作用。

② 复合词是汉语词汇构造特点体现最突出、最鲜明的部分。汉语词汇中复合词占优势，利用这一特点，让留学生全面掌握词义，逐步了解汉语词的民族特色，快速扩大词汇量。

与英语相比，汉语词与词的界限不是很清晰。但从词语构造特点入手，可使留学生理解并掌握汉语复合词语素间的组合语义和整体义的关系，这对他们阅读理解和言语表达很有好处。我们认为，在讲解词语时，结合词的构造特点，给学生讲解复合词语素和语素之间的关系以及各语素在词的整体意义中的显义作用是非常必要的。更重要的是，发挥学生的主观能动性，让他们自己分析类似的词，使他们更深刻地体会汉语构造的特点，达到举一反三的目的。

③ 词汇教学的主要任务是讲解重叠的语法意义。比较好的方法是通过对比让学生体会重叠和非重叠的不同，采用重点讲解与类推相结合的方式，这就要求教师要进行适时的总结。第一大类中词汇意义改变的词应讲出词义的变化，当然还是从语素义的角度来讲。第二类是十分地道的汉语词，也是留学生比较难掌握的词。这类词的核心语素一般都是单字，但与单字的表达效果是大不一样的。

二、对外汉语教学中的词汇教学

任何语言的教学都包括语音、词汇和语法三个基本方面，而跟其他语言相比，汉语词汇所要担负的语言任务更为繁重，因为在语言学界，汉语被称为"缺少严格意义的形态变化"的语言，因此，词汇教学不仅是对外汉语教学的基本内容，也是多数课堂教学的重要组成部分，在对外汉语教学中的作用举足轻重。这里仅结合笔者的实际教学活动谈一下这方面的粗浅体会。

1. 词汇教学的重要性及对外汉语词汇教学的现状

词汇，是语言三要素中重要的组成部分，但是词汇对于对外汉语教学，到底有多重要？著名的语言学家威尔金斯（Wilkins）早已给了我们答案——"Without grammar very little can be conveyed（没有语法，就无法表达）；without vocabulary nothing can be conveyed（没有词汇，什么都不能传达）"。因而，对于汉语词汇的学习和掌握的程度，直接关系到整个语言学习的成败。因此，鉴于词汇在语言中的重要地位，词汇教学理应始终成为汉语教学的重点，在这一点上，不论学生的汉语水平是初级、中级还是高级，不论学校开了多少门选修课，词汇教学都应该是贯穿整个对外汉语教与学的重中之重。然而，我们不得不承认，在对外汉语快速发展之初，这个语言的"建筑材料"，并没有得到应有的重视。或许是过多地受到了以索绪尔为代表的结构主义语言学的影响，汉语作为第二语言教学总是将语法结构的教学作为重点的教学内容，随后，情境法、功能法、体演法等教学法开始流行，于是，大家关注的重点随之转移，但词汇教学一直是在学习语言材料的过程中完成的，不论是以交际为目的的"结构—情境—功能"相结合的教学法，还是以句型操练为主的直接法，抑或是以"结构—功能—文化"相结合的教学法，词汇教学始终都处于一个附庸的地位，而针对对外汉语词汇本体研究、汉语词汇系统特点及如何在对外汉语词汇教学中很好地运用等的讨论程度，也远远不及对于对外汉语语法与教学法的讨论。"由于没有系统的词汇教学，学生不能掌握汉语词汇的规律，不知道汉语词汇跟汉字的密切关系，学习和记忆词汇难度很大。我们一定要在适当的时候，在一个特定阶段，遵照汉语词汇规律，按照记忆的心理规律对学生进行系统的词汇教学。"

在现行的大部分对外汉语教材当中，对于词汇一般都是采用直接翻译法，即直接把生词翻译成学生的母语。以《成功之路》这套教材来说，其"生词"部分的模式为"生词—词性—拼音—外文翻译"。如"热情—形容词—rè qíng—warm-hearted, enthusiastic, passionate"。

这种方法不能说毫无可取之处，在解释某些较为抽象、不容易用目的语，即汉语来释义的词语时，如"社会—society、理想—ideal"，直接翻译法的优点就体现出来了，一点就通，不绕圈子；然而，当我们用这种方法去翻译一些与学习者母语内涵或者外延上有差别的汉语词汇时，往往不太好用。例如，汉语中的龙，用英文直接翻译过来就是"dragon"，但是，两者的意义差别却很大，如果直接用这种翻译法进行教学而教师不加以说明补充，那么对于这个词汇的教学就是失败的。

2. 对外汉语词汇教学中需要注意的问题

（1）要引导学生通过课外自主阅读不断提高猜词的能力

课堂教学是汉语词汇学习的最主要手段。但是，一方面，课堂教学的时间毕竟有限，要把词语的学习、理解、消化、吸收乃至运用都在这有限的时间里完成是根本不可能的。另一方面，汉语词汇数量繁多、变化万千，要求留学生完全掌握是不切实际的，因此根据前后语言环境猜测词语含义的能力必不可少。詹姆斯·科迪（James Coady）在1997年曾论述过"词汇的环境习得"的概念，"词汇学习根本上要靠在语言环境中的反复重现来积累，只有把握了词语的使用环境，如词的搭配限制、词的再现条件以及词的上下文，才算进入了掌握式词汇的范畴"。一些调查也显示，外国留学生缺少阅读实践，阅读量不够，词语的再认达不到自动化的程度。只有把平面的词语同立体的阅读材料结合在一起，才能让学生真正体会到汉语强大的表达能力和语言魅力。

（2）要提高学生对词汇学习的兴趣和运用词汇的自觉性

任何一种教学活动都是师生双方相互作用的过程。在课堂教学的三要素中，学生不仅是信息的接受者，更是教学效果的体现者，从这个意义上说，学生本身学习汉语的自信心和自觉性对学习效果有着至关重要的影响。只有学生具有强烈的自信心和高度的学习自觉性，才能自觉地参与学习活动，并在学习的过程中集中注意力，取得最佳的学习效果。要想提高学生的自信心，教师必须想方设法提高学生的学习兴趣，帮助学生转变学习汉语的态度，排除学生在学习汉语中的某些心理障碍。词汇教学本身比较琐碎枯燥，课堂上常常是教师讲，学生记，学生很少有独立思考和提出个人见解的时间。时间一长，学生会感觉尽管词汇笔记记了一大本，可并没有在实际交流中表现出表达能力的显著提高，于是就会逐渐产生倦怠心理和厌烦情绪。因此，教师要在词汇教学的各个环节中采用灵活多变的教学方式来调动学生主动学习的积极性。比如搜集一些与课文内容有关的音像资料适时穿插在课堂教学中；组织学生用自己的语言排练表演课文中情节性强的内容；让学生用指定词语在限定时间内完成短文或对话等。只有让学生变被动接受为主动探寻，词汇教学才能取得事半功倍的效果。

汉语词汇教学是一个有序而又复杂的庞大工程，对留学生和教师来说都极具挑战性。尽管有关这方面的研究已经取得了一定的成果，但是在实际教学过程中各种新的问题仍在不断出现，这些问题都有待于我们在以后的工作中不断探索。

三、对外汉语教学中词汇教学的意义

1. 课堂教学应以词汇教学为中心

对外汉语教学在逐步发展的过程中，有很多不同的方法手段日益完善，然而仿照西方第二语言教学模式的对外汉语教学，在自我不断摸索的过程中对于教学方法以及教学手段研究的声音不绝于耳。在此过程中主要形成了三种不同的教学方法。

① "结构—情境—功能"，主要以培养学生如何进行口语交际为主。

② "结构—功能—文化"，通过口语交际进行文化传播。

③ 以句型训练为主的直接法。

以上三种非常常见的教学法都没有摆脱以"结构"为首的规则束缚。

也就是说，这三种不同的教学方法，都以学生系统学习语法为前提。从这一点可以看出，常见的对外汉语教学仍旧以语法教学为教学重点。而语法学习对于留学生而言难度很大。我们从对外汉语教学实践中可以看出，大部分留学生来到中国学习汉语，其主要目的是与中国人进行言语交际，从而进行贸易往来以及文化传播，所以"交际"才是学生应该掌握的最为直接、最为有效的技能。所以词汇教学直接影响着留学生汉语整体水平。

杨惠元先生曾提出"强化词语教学，淡化句法教育"，他从词汇与句法的角度阐释了词语教学应该放在对外汉语教学的重要位置。同样，何干俊先生也提出："留学生觉得汉语难学、难记，甚至最终放弃学习汉语，很大程度上是因为词汇不理解的问题。词汇教学在语言教学中占有重要的地位。"所以词汇作为语言的建筑材料，应该贯穿于对外汉语教学的各个阶段。

2. 当今对外汉语词汇教学的问题

在对外汉语教学过程中，"词本位""词组本位""语素本位""句本位""字本位"等理论都有学者在不同时间相应提出。在对外汉语教学中主要存在着三大主流的教学法："词本位"教法、"字本位"教法以及"语素教学法"。而对于这三种不同的教学法而言，"字本位"教法和"语素教学法"都从现代汉语教学方法中汲取了营养。不难看出，这两种教学法都受到了汉语思维的左右，使第二外语教学受到了束缚。"字本位"教法和"语素教学法"都从"语素"是构词的最小单位角度进行阐释，抓住的都是汉语词汇教学的根本。

"字本位"原则虽然在一定程度上打破了"字"和"词"之间的严格界限，但是仍旧从汉字（"语素"）整合的角度出发把握字词关系，突出了汉语的意义特征。我们知道汉字是表意文字，从古代甲骨文便可以看出，不同的图像或者图形分别代表着不同的事物，从汉字字形上便可以猜测出词的大致意义。而英语属于印欧语系，其着重突出的不是形态，而是声音，即单词的拼写以及读法。

虽然在一定程度上，汉语的语素可以与英语中的词根、词缀进行类比，但是语系不同造成的差别还是很大的。单音节语素是汉语词汇的构建基础，不同的语素有不同的意义，而与其他语素组合之后会有不同的词汇产生，从而产生了不同的意义。

单音节语素作为最活跃的、构词能力最强的自由语素能够极大地扩大留学生的词汇量，以"洗"为例，可以说洗衣服、洗碗、洗头、洗脸、洗澡等一系列词，这一点对于对外汉语教学的意义是不能忽视的。类比英语词根"tract"为"拉，扯"，我们就能学会"tractor"为拖拉机、"extract"为拔出、"distract"为分散等意思。可是我们却不能忽视汉语中的"门口""门事件"以及东北话中的"门了"（意思为懵了）等词中"门"的不同意思，从而暴露了语素法教学流派的弊端以及缺陷，于是就不能单单从语素角度进行对外汉语教学，不能以"字本位"和"语素教学法"为单一准则。并且儿童的单词量有限，随着时间的推移，对外汉语教学对象不仅仅是成年人，这一点也需要纳入考虑范围之内。正如李彤在2005年指出："语素法侧重对复音节词进行平面描写，关注的是两个语素的结构方式，忽略了语素在不同的词语中构成复音节词的多种义项。"

在中国儿童学习英语之初，我们一直说要注重"听""说""读""写""译"五项并举，而在对外汉语教学中也在强调"语音""词汇""语法"三位一体的教学原则，然而我们在对外汉语的教学实践中发现，语音、词汇、语法是无法做到三位一体的，所以要在三者中找到重点，并且要进行适当的舍弃。首先谈及"语音"，由于拼音学习和英语字母学习具有很多的共同点，所以对于拼音学习的难度较小，在发音上也只有"上声"最为困难，即便发音不够准确，但它不影响生活交际，能够传达出意思就足够了。对于汉字而言，可能中国人也不能把所有字的发音说到准确无误，所以对于语音教学不必锱铢必较。

语法教学同样如此，以留学生在实际中出现的偏误为例，"我吃饭在食堂"，正常的语序为"我在食堂吃饭"，如果留学生把前一句话说出来没有人会听懂他的意思。如果对外汉语教师一直强调状语的位置反而会把简单的问题复杂化。因此，在教学过程中我们并不是排斥语音、语法的教学，而是使这两者成为词汇学习的根本和基石，以词汇为中心的同时不能忘记要以句子为单位。词汇教学是帮助学生尽可能地掌握更多的实用词汇，不背单词表，不背字典。

外国学者伊芙琳·哈奇（Evelyn Hatch）和谢里尔·布朗（Cheryl Brown）所介绍的"五步教学法"的第一项便是接触生词，从这一点而言我们也不难发现，第二语言的学习中词汇学习的重要性。对外汉语的教学过程中，词汇教学具有非常重要的意义，是学生直接进行交际的重要保证。虽然词汇教学有很多不同的教学方法和技巧，但是仍旧不够完善，教师应该在学生已有的知识结构上，不断摸索词汇教学新方法，使之不断完善。所以，加强对外汉语词汇教学，能够使有限的课堂教学实践变得充实而紧凑。

第二章　对外汉语词汇教学的内容

第一节　词汇的文化内涵

一个国家或民族的语言通常能够反映该国家或民族的文化本质以及思维方式。我们在学习一门外语时，对该国家文化的了解对语言的学习有极大的帮助，汉语亦然。在汉语诸要素中，词汇直接反映着社会生活的变迁以及民族文化的发展，是最基本、最活跃的成分。语言的文化本质决定了词汇必然承载着丰富和特定的文化内涵。第二语言教学主要解决词汇含义的文化差异与文化冲突，以及词汇含义的文化差异对跨文化交际的干扰这一问题，保证词语传递的信息畅通。

一、汉语中的词汇文化义

关于词的文化义，有多种界定，吕必松先生认为："一个词语总会具有某种文化义。""词的文化义就是通过词的意义和词的形式所反映出来的汉民族文化的种种要素。"汲传波先生提出："词的文化义是词义中隐含的反映一个民族的社会状况、宗教信仰、风俗习惯、审美情趣、思维方式和心理态势等诸多文化因素的意义。"笔者认为，这个定义充分挖掘了对外汉语教学词汇文化义的内涵和特征，首先它是对词义从文化视角考察得出的结果，强调了义化的隐含性；其次强调了从文化的视角对词义的审视，而没有混淆语言与文化这两个层面，有利于我们判别一个词是否具有文化义和具有什么样的文化义。

二、汉语中特有的文化词语

有着五千年文明史的中国人使用的词语，同文化有着较其他语种更为密切的关系。那些直接反映中国独特文化的词语就是汉语中的文化词语。它们是独特而又丰富多彩的中国文化的产物，也是记录中国文化的载体。正是借这些词语之力，相当部分的中国文化才得以保存、流传。这些文化词语大致可分为以下几类。

① 表现中国独有物质文化的词语。如华表、四合院、粽子、太师椅、花轿、旗袍、中山装、乌纱帽等。

② 表现中国独特精神文化的词语。如社稷、文景之治、赤壁之战、道、八卦、小康、风骨、伤痕文学等。

③ 表现中国独特的社会经济制度的词语。如尚书、丞相、举人、状元、殿试、榜眼、探花、八股文等。

④ 反映中国独特的风俗习惯的词语。如元宵、中秋、清明、万福、乞巧、拜月等。

⑤ 反映中国杰出历史名人的专有名词。如李白、秦始皇、武则天等。

在中国特定文化背景下形成的词语，学习汉语的外国人是不能从字面上推知其意义的。比如，"李白"这个专有名词对于一个不了解中国文化的外国人来说往往只是一个符号。至于成语、俗语，更是为汉文化所独有，它们从表层意义到深层内涵都是无法用另一种语言对译的。要学好汉语，掌握汉语，必须掌握各种文化词语。

三、词汇文化内涵的影响因素

词语的文化附加义是指一个词在指称实物的同时所蕴含的特定民族文化信息。也就是说，一个词语首先有所指，在所指的基础上又负载一定的文化信息，这时特定的文化信息就是这个词语的文化附加义。词语的文化附加义是特定的社会统一约定的，而不是个人的。它是特定的社团心理上的一种约定：将某些抽象的主观认识、感受通过一个个具体的事物含蓄委婉地表达出来。如汉族人民在心理上形成这样种种约定：以"红豆"表现"爱情"，以"鸿鹄"表现"志向远大者"，以"狮"表现"勇猛者"，等等。

语言就像一面色彩斑斓的镜子，反映着民族文化的全部；又像一个窗口，展示着文化的一切内容。语言是文化的一部分，又是文化的传播工具。而词汇作为语言的基本构成，最能生动地体现出不同文化的差异。不同的文化附加义和各个民族的风俗习惯、地理、历史、宗教、信仰及审美观是密切相关的。同时，不同民族对一些共同事物的反映是不同的，有的表现出喜好，有的正好相反。这不仅取决于该事物在日常生活中的地位和作用，而且取决于该民族的心理及其价值观。由于受民族文化的影响，一个普通的词在一种语言中常有极其丰富的联想意义，而在另一种文化中就可能仅仅是一个语言符号。这类词往往会导致理解上的障碍，造成不必要的误解。例如"竹子"（bamboo），这种植物就与中国的传统文化有着深厚的渊源。中国人常用"竹"来喻人，表达自己坚定、正直的性格。而"bamboo"一词在英语里几乎没有什么联想意义，甚至"bamboo"一词都是从其他语言中借用来的。因为"竹"并不是土生土长在英国的，所以，英国人对于"竹"并不像中国人那么熟悉，这也决定了"bamboo"一词贫乏的文化内涵，在多数情况下，它只是一个名称。

在英语里也有许多具有丰富联想意义而汉语却没有的词。例如"daffodil"（黄水仙），在中国，它仅仅是一种花而已，但在英国它是春天、欢乐的象征。一些文学家、诗人都以"daffodil"来描写春天以及春天带来的欢愉的心情。有的时候，两种语言中指称义相同的词语，两者都有文化附加义，但是文化附加义的内容不同，甚至截然相反。例如，一些颜色词被不同语言或文化所共有，然而他们的文化内涵却截然不同。在西方，人们习惯用"blue"表示沮丧、消沉或者淫猥、下流，但在中国文化中，蓝色却用来表示肃穆、严肃，淫猥、下流的意思则用黄色表示。红色（red）一词在西方文化中是用来表示愤怒、气愤的意思，但在中国文化中却被用来代表革命。又如，在汉语中，"龙"（dragon）及与其相关的词语明显具有祥瑞的色彩。古代皇帝被称为"真龙天子"，其后代为"龙子龙孙"。人们希望自己的后代有出息，就叫作"望子成龙"，海内外的炎黄子孙都称自己为"龙的传人"。然而，在英美等西方国家，"龙"则是指硕大、凶残的古怪野兽，不仅无端吞食人类和动物，而且制造水火灾害，危害人类生存。因而，西方人对于"龙"绝无好感，对中国人的龙的图腾信仰颇感不可思议。

1. 地理环境的差异在词汇中的体现

中西方各国所处的地理位置存在很大的差异，造成各国的地理环境和气候等方面的明显差异，这些差异在语言中随处可见。例如，中国的地势西北高，东南低，所以中国的河流一般由西北流向东南，所以有"一江春水向东流""大江东去"的说法，而在英国及欧洲多数国家，多数河流是由东南向西北流入大海，自然不会有我们这样的说法；美国人常用"from sea to sea"来表示"全国上下"的意思，这是因为美国东临大西洋，西临太平洋，"from sea to sea"意味着横跨了整个国家；中国山多地广，陷入困境时是"进退维谷"，而西方岛国人们则常说"be on the rocks"。

2. 历史背景的差异在词汇中的体现

中国是历史悠久的文明古国，中国人是"炎黄子孙"，有令人骄傲的"四大发明"；中国古代战乱纷纷，在生活中留下了许多军事用语，如"烽火连天""三十六计，走为上计""知己知彼，百战不殆""万事俱备，只欠东风"等；中国人民长期处于封建统治和剥削之下，有"苛政猛于虎""八字衙门朝南开，有理无钱莫进来"等民谚。英国历史上长期受教皇和国王统治和压迫，所以有"The king and pope, the lion and the wolf"和"Kings go mad, and the people suffer from it"的说法；拿破仑在 Waterloo 惨败被囚荒岛，英语中便有"to meet one's Waterloo"来表示遭遇失败等。

3. 价值观念的差异在词汇中的体现

无论哪个国家的语言在感情上都有爱憎褒贬之分，但表达方式却不尽相同，所以对同一客观事物所反映出的认知和价值观念也会不同。中国有着尊老敬老的优良传统，"老王""老李"一类的称呼透着亲切和友好，"王老""李老"则更是对德高望重者的最佳称谓，而西方人怕老，认为"老而无用"，一句"Please sit here. You are old."会令对方感到不快和被冒犯。由此看来，要做好翻译工作，熟悉两种语言的文化背景，了解不同民族在价值观念和审美取向上的差异是非常重要的。

4. 文化心理的差异在词汇中的体现

在不同的文化中，人们有着不同的心理结构和思维方式，并影响着语言的形成和使用。中西文化心理的差异在词汇中有着生动的体现。在汉文化历史上，"黄色"至为尊贵，是皇权的象征。几千年来封建帝王一直是黄袍加身，黄色几乎成了历代帝王专用的色彩。1986年，英国女王伊丽莎白访华时特地定做了一套黄色礼服，就是为了表示入乡随俗的意思。但在英美特别是在信奉基督教的国度里，"yellow"并非人们所崇尚的色彩，而喻指"胆怯""嫉妒"，因为"yellow"是犹大背叛耶稣时所穿衣服的颜色。现代汉语中，"黄色"象征腐化堕落，特指色情，以至于人们一看到"yellow book"和"yellow press"便联想到"扫黄打非"。实际上，"yellow book"指"法国等国家政府发表的报告书"，以黄纸为封面，是黄皮书，而不是黄色书籍。"yellow press"指"哗众取宠的报刊"，而"yellow pages"则指分类电话簿，与汉文化中"黄色"的联想意义有天壤之别。类似的词还有很多，它们和"yellow"一样，词义的引申取舍在很大程度上依赖于深层的文化心理因素。

5. 文化渊源的差异在词汇中的体现

英汉民族的思维方式和文化渊源不同，词汇所承载的文化内涵也迥然不同。例如"fig leaves"的字面意义是"无花果树叶"，喻指"遮羞之叶"。追根溯源，"fig leaves"的喻义源自《圣经·创世说》第三章第七节："他们（亚当和夏娃）两人的眼睛明亮了，才知道自己赤身裸体，便编制无花果树叶来遮掩下体。"西方特别是英国维多利亚时代的绘画和雕塑中，一些裸体人物的身上会有一小片树叶遮盖下体。这种专门用以遮羞的叶子，正是"无花果树叶"。由此"figleaf diplomacy"进一步引申为"维持体面的外交之策"。因此我们要把词汇放在上下文语境中进行理解和诠释，剖析其文化喻义，挖掘其文化内涵，把握文化差异，拓宽文化视野。否则，如果"只学习语言材料，不了解文化背景，犹如只抓住了外壳而不领悟其精神"，也就没有真正领悟词汇的文化内涵。

语言是一个民族在长期生产劳动和社会实践中创造出来并为他们服务的，其词汇必然要反映该民族的社会现实，受该民族的生活习惯、思维方式、语言心理、行为规范、道德价值、政治观念和文化传统制约，因此语言是文化的载体。而语言中的词汇承载着丰富的文化内涵。词的文化内涵难以穷尽，并有着深刻的语言内外因素，我们在理解和翻译时要注意理解和挖掘词汇蕴含的丰富文化内涵，提高对文化差异的敏锐性、领悟能力和驾驭词汇进行交际的能力。

四、汉英词语含义的对应情况

1. 语言意义对应，文化含义也对应

这类词语多出现在指称自然现象和科学技术方面。例如，"太阳、月亮、空气"与"sun、

moon、air"；"计算机、电视机、科学"与"computer、television、science"。不过此处的"对应"主要指语言意义的对应，在一定的语境中用于隐喻义时就不能说不同文化之间也一定会完全或基本对应了。

2. 语言意义与文化意义皆不对应

这类词产生于独特的文化背景中，反映一个民族所特有的物质文化，称为"国俗词语"或"文化词语"，国俗词语在其他语言中很难找到与之完全对应的词，也称为"非等值词语"。如汉语中的"华表""太极拳""脱贫""下放""和谐社会"；英语里的"streak（裸跑）""hippie（嬉皮士）""punk"。

3. 语言意义不对应，文化含义对应

在两种语言之间，有时对同一种事物或现象有不同的表达方法。例如，"三伏天"对应于"dog days"，都指的是一年中最热的日子。中国文化中的"三伏天"是根据中国农历的季节变化确定的，一般指 7 月下旬至 8 月上旬。英语中的"dog days"指"dog star"升起的时间。这两个说法充分反映了中英文化的不同和民族风俗习惯的差异。

4. 语言意义对应，文化含义此有彼无

许多词语在双语词典中都可以找到语言意义对应的释义，但是词典义对应的词语所反映出的文化形象或文化概念不一定也对应，甚至将一种语言的说法译成另一种语言的对应词时，对译入语国家的人提供不了任何信息或者提供错误信息。例如，"单位"与"unit"，中国人常用"单位"表示自己或别人的工作机关、团体或部门，汉英词典将"单位"译成"unit"。在跨文化交际中，西方人却难以理解其含义。其实，在中国，"单位"既是个人工作、学习和生活的地方，也是各方面的需求，例如，可以享受廉价住房、医疗保险。改革开放以后，"单位"的作用不断缩小，然而"单位"的许多功能仍然存在。在可见的相当长一段时间内，"单位"在人们心中的重要作用仍然难以彻底消除。

5. 语言意义对应，文化含义此无彼有

对于外语词语的语言意义，一般懂外语的人一看就懂了，即使不懂，通过查阅词典也可以知道。然而对于词语的文化含义和交际价值，不了解该国文化的人就真的难以理解了。例如，英语的"tea break""coffee break"两个词的语言意义很清楚，但是不了解英语文化的人根本无法理解这些词的文化含义（a short pause from work in the middle of the morning or afternoon for a drink, a rest, something light to eat, ect）。这里的"喝茶"也有着极为深刻的文化含义：一是时间在午餐和晚餐之间；二是内容不仅有茶，而且有咖啡、点心；三是这种饮茶方式是家庭主妇间社交的常用方式，所以，要了解这类词语的文化含义，不了解文化背景和语言使用者的习俗是不行的。

五、对外汉语词汇教学中的文化因素及其教学

词语的文化意义的差异是造成跨文化交际障碍的重要原因，所以在教学中必须得到重视。首先，对外汉语教师应有针对性地进行词语文化背景意义的教学。跨文化交际的冲突几乎是随着语言学习的开始就发生了，不过在初级阶段的教学中，往往会对其采取宽容态度。随着留学生语言学习的不断深入，要求语言与交际并重，文化知识也逐渐渗入。因此，要引导学生学习词语的文化意义，防止产生交际误解。

1. 对外汉语词汇教学中的文化因素

（1）词汇的不对等现象

不同文化之间的词汇存在不对等现象，也就是说某些事物或现象在一种语言中以相应的词汇来表达，在另一种语言中却没有相对应的表达形式。比如中国的京剧、五行、风水等，在英文中就没有对应的词来表达。这是因为不同的民族在长期的历史发展中形成了不同的风俗习惯和文化，体现了民族文化的创造性和独特性。

（2）概括范围和方式的不同

不同的民族对事物的看法是不一致的，因此在词义的概括方式和范围上有所不同。比如，汉语亲属称谓中的"伯伯、叔叔、舅舅、姨夫、姑父"在英语中只有一个单词"uncle"和它相对应。这说明汉语对于亲属的划分比英语要细致得多。

（3）色彩差异

词汇的意义包括概念意义（也叫理性意义）和附加意义。附加意义包括感情色彩、形象色彩和语体色彩。词汇所蕴含着的文化信息在词的附加色彩上表现得尤为突出。如果不了解词的附加色彩，就会导致词语运用不当，给交际造成极大的障碍。比如在中国的传统文化中，狗总是作为反面的形象出现的，汉语的词汇中有很多带"狗"字的贬义词，像"狗仗人势、狼心狗肺、狗腿子、狗急跳墙、狗奴才"等。但是在西方文化中，狗是正面的形象，它忠诚、勤奋、通人性。人们比喻工作努力的人往往会说"He works hard like a dog."，但如果有个西方人夸赞中国人工作努力，说你像狗一样勤奋，恐怕就会引起误会。

2. 对外汉语词汇教学中的文化教学

（1）对外汉语词汇教学中的文化教学要遵循的原则

刘询先生曾对对外汉语的文化教学提出过五大原则：一是文化教学要为语言教学服务，也就是说不能把语言课上成文化课；二是文化的教学要有针对性，就是说文化的教学针对的是外国人，是为了解决他们在跨文化交际中遇到的障碍；三是文化要有代表性，就是说

教师所传授的文化应该有代表性，是中国社会的主流文化；四是要用发展的眼光看待文化，在讲解中华文化时，要去粗取精，要把传统的文化和中国现在的新文化结合起来；五是要把文化知识转化成交际能力，学习文化知识的最终目的是交际，即在真实的语言环境中得体地完成交际。这五点原则虽然是刘询先生针对文化教学提出来的，但我们认为这些原则也适用于对外汉语词汇教学中的文化教学。

（2）实施对外汉语词汇教学中的文化教学应采取的具体策略

① 挖掘词汇后面蕴藏着的文化因素。

教师要大力挖掘词汇后面蕴藏着的文化因素，虽然汉语是我们的母语，但是正是因为如此，我们并没有认真探讨它的来源、它为何这样组织、它后面蕴藏着什么文化因素，有时反而是外国学生提出了这些我们习以为常的问题。所以教师一定要深入挖掘词汇背后的文化因子。

② 对于词汇教学中的文化教学应该有所侧重。

汉语词汇非常丰富，其实绝大部分词语背后都有着自己的文化印记，但是我们不能每个词语都去讲解它的文化，因此需要教师根据词频统计找出高频词、重点词，进行重点教学。

③ 词汇教学中文化教学的方法应该多样性。

在对汉语中的词汇进行文化教学时，要改变传统的"教师讲、学生听，教师写、学生记"的教学方式，采用多种教学方式。一方面，外国学生一般思维都比较活跃，喜欢问问题；另一方面，文化是一个非常有趣的课题，也能激起外国学生的兴趣。因此，在教学中教师要尽力激发学生的学习兴趣，让学生自己查资料，和同学合作、探讨、交流词语背后的文化因素。

语言本身就是一种文化，这不仅因为作为人类特有的交际工具，它是人类社会特有的产物，而且其基本单位词语中，沉淀着丰富的文化意蕴。对于汉语学习者来说，要真正掌握汉语，应该而且必须了解汉语的文化意蕴，深入、全面地掌握语义，特别是其中深层的文化意义，在教授外国留学生时进行必要的文化渗透便成了对外汉语词汇教学中的一个重要环节。

六、对外汉语中开展国俗词语的教学实例

词汇是语言教学与学习的基础。国俗词语作为特有文化词语是外国学习者学习的难点，所以加强和改善国俗词语教学现状势在必行。

1. 国俗词语的基本认知

（1）国俗词语的定义

一种语言中反映一个民族所特有的物质文化的词语就是国俗词语，这是一种在独特的

文化背景下产生的语言现象。国俗词语在其他语言中很难找到与之完全对应的词，因此也称为"非等值词语"。

（2）国俗词语的类别

梅立崇（1993）认为，国俗词语应该分为五类。
① 名物词语（筷子、中山装）。
② 制度词语（人大、两会、政协）。
③ 熟语（穿小鞋、芝麻开花——节节高）。
④ 征喻词语（月亮、红豆）。
⑤ 交际词语（慢走、路上小心、谢谢、您客气了）。

（3）国俗词语在对外汉语教学词汇中的比例

《汉语水平词汇与汉字等级大纲》（以下简称《大纲》）中所收录国俗词的情况是研究对外汉语国俗词语教学现状的一个重要步骤。《大纲》共收录国俗词语68个，其中甲级8个，乙级13个，丙级17个，丁级30个。国俗词在其所收全部词语中所占百分比为0.76%。

（4）国俗词语的文化特质

国俗词语是汉语文化在社会生活各方面的反映。国俗词语不仅反映了中华民族生活的物质世界，而且反映了中华民族的精神文明面貌，是物质文明和精神文明长久以来的反映。其包含中国人民的世界观、人生观、价值观等内涵。比如说，征喻词语中的松、梅花、荷花、喜鹊；熟语类国俗词中的百家争鸣、走后门儿、画蛇添足等。

2. 如何开展国俗词语的教学

从国俗词语在《大纲》中所占的比例，我们得出，国俗词语作为反映中华文化内涵的词语在当前的教学中并没有得到充分的重视。为此，需要更进一步研究国俗词语的对外汉语教学。

（1）精心营造课堂国俗环境

任何时空环境都可以成为文化传播的载体，那么教室自然不能例外，理应成为国俗词语传播的一个媒介。课堂环境的布置主题也必须以传播中华文化为宗旨，可以采用微型国俗文化展览的方式布置课堂。比如说，在墙上挂中国结，在玻璃上贴窗花，展示川剧脸谱，设置微型展台，不定期展示茶道等中华文化。在这些展示的物件中一定要注有中文的标识和基本解释，方便学生观看和理解。大量的教学实践表明，一个良好的课堂环境布置很大程度上能够营造出一个相对真实的教学情境，使学生融入所学的课程中去，体味到国俗词语的魅力，从而提升教学和学习质量。

（2）丰富国俗词语的教学形式

在对外汉语教学中，蔡振生（1997、1999）、张高翔（2003）、刘晓娟（2003）、杨曦（2008）、赵明（2012）等人对国俗词语的文化内涵进行了较为充分的研究，但是对国俗词语的教学研究并不那么充分。如何更好地让学生对国俗词语进行习得不仅成了文化教学的难题，同时也是第二语言教学的难点。因此，我们需要采用多样化的教学方式促进国俗词语的习得与内化。

① 直观式展示教学。

针对名物词语和专有名词的教学，我们认为可以采用直观教学的方式。这些词汇或表示中国独有的事物、概念，或在其他语言中没有对等的词，也无法进行对应词语的对比分析，或单纯用语言并不容易解释清楚词义。"人对语言的认识具有整体性，而且人的视觉、听觉等感知能力也能对刺激形成整体反映，因此，语言教学需要从各个方位向学习者展示目的语，从而使学习者的感知能力得到整体运用。"王敏（2012）认为，针对一些表示在中国独有的事物、概念的词语，教师可以通过实物、图片、影像、动作等方式，把词汇生动的形象直观地呈现在学生面前，使学生从形象中轻松地感知到词语文化内涵。比如说：饺子、包子、筷子、鞭炮、旗袍、围棋等，可以通过图片展示的环节进行教学。

② 导游式文化讲解。

国俗词语是文化内涵的高度浓缩，意蕴丰富。针对国俗词语的教学定位而言，我们认为可以采用导游式的讲解方式进行教学。导游式的讲解方式既可以使学生了解到国俗词语的内涵，又可以提升学生学习词语的兴趣。对于大部分固定词语、征喻词语和典故词语而言，这些词的教学主要采用导游式文化讲解的方式。这一类文化词语反映的是中国文化的深层结构，体现的是中国人的认知理念和价值观念。所以这一类词语采用其他讲解方式可能会增加学习者的困惑，而把它们放在文化中去讲解的时候就会使学生形成一种理解中华文化的思维，建立起一种思维架构。

③ 实践体验与交际。

如果国俗词语的讲解只是局限于传统意义上的课堂描述，那么外国学生学习国俗词语的效果也会大打折扣。相反如果学习过程融入实践体验与交际中去，那么教学效果会得到很大的提升。比如说"京剧"这个词，如果按照字典的解释去讲解，其意思是："京剧即京戏，中国主要的剧种之一，是清中叶以来由徽调、汉调合流演变而来的北京皮黄戏。"学生听后肯定一头雾水，不知所云。如果让学生亲身去听一场京剧，体验到中国的京剧文化，那么教学效果会有质一般的提升。在实践基础上产生的对不同事物的兴趣将带给学习者极大的震撼，而这种震撼能够激发学生的求知欲，并对这种事物以及文化深刻心底。

④ 国俗类视频辅助。

由于视频内容的直观性、易于接受性、便于回忆性等特点，视频教学受到不同课型的青睐并运用到日常教学中去。反映中华文化的国俗词语采用视频教学的形式一定能够增加学习者对中华文化的感知。比如说，介绍饮食文化的国俗类纪录片——《舌尖上的中国》。这部纪录片采用的是走访和介绍的形式进行饮食文化的讲述。其间不仅能够看到中国八大菜系的不同风味以及各地不同的饮食文化，更能够通过纪录片感受到各地百姓的生活面貌以及一些文化现象，形成对中国饮食南米、北面、南甜、北咸的基本认知。当然从课堂语言学习的角度讲，该纪录片不仅有中文字幕而且带有英文翻译，能够满足各个层次学生的学习需求。

⑤ 课下译文类国俗词语资料学习。

既然是译文类资料，就是说学习资料是用外文形式写成的。译文类学习资料定位于文化普及，不强调记忆效果，大体上是对某一专项进行编排。比如说神话故事和历史故事的文化讲解。有一个典型例子就是上海译文出版社出版发行的 *Chinese Mythology &Tirty-Six Startagems* 这本书。书中介绍了中国古代神话故事及三十六计，并且在不同的篇章配有不同的生动有趣的插图，提升阅读者的心理体验。这类国俗文化书籍的阅读对学习者的影响是很慢的，但却是深层次的影响。

通过以上五种教学方式之间的相互组合，就能够形成课上与课下的一个生态结合，使学生能够在较为完整的国俗词语环境中学习和习得文化含义，并能够在交际过程中形成并表达自己内化了的知识。

（3）国俗词语的跨文化对比

跨文化因素越来越成为影响交际的重要因素。吕必松先生曾提出："从语言学习和语言教学的角度研究语言，就必须研究语言与文化的关系，因为语言理解和语言使用都离不开一定的文化因素。"

语言的学习最初是建立在母语基础之上的。第二语言学习者在学习新的语言词汇的时候，首先会和母语中意义相同或者相近的词语进行对照，以便加强记忆。也就是说，汉外对比是词语学习的必经之路。因为词语的含义包含有一个民族特有的文化信息，所以词语在转译过程中词义会有不同程度的损耗或者添加甚至偏离。那么词汇含义的对比辨认就成了重要的学习手段，也就是我们所说的词汇的跨文化对比。另外，数字词语和颜色词也有词汇的跨文化对比。中国人不喜欢"4"，欧美一些国家不喜欢"13"；中国喜欢红色，欧美则喜欢白色等。

3. 提升国俗词语的教学地位

国俗词语在《大纲》中的教学地位以及课堂教学比例依然很低。那么，基于国俗词语在深层文化感知方面的重要作用，我们认为有必要提升国俗词语的教学地位。

（1）提升词汇教学的地位

任何语言的习得都是建立在词汇学习基础之上的。只有掌握大量的词汇，才能占用大量的语言材料。因此，想要提高国俗词语的教学地位，就必须先提高词汇在对外汉语教学中的地位。

杨惠元先生曾经写过《强化词语教学，淡化句法教学——也谈对外汉语教学中的语法教学》。在这篇文章中杨惠元先生引述赵金铭先生的观点时明确表示："对外汉语语法教学采用的是教学语法，而不是理论语法。教学语法用的语法是讲词语的用法。那么就应该最大限度地来扩大学生的词汇量，把词语作为经验成分储存在大脑中。"针对教学过程中过分重视句法教学的倾向，杨惠元先生写的这篇论文非常具有启示作用。其目的就是告诉我们要强化词语教学，提高词语教学的地位。

（2）提升国俗词语教学地位

在语言习得中，词汇的教学地位是毋庸置疑的。为了更好地习得语言与中华文化，国俗词语的教学地位理应得到提升。同时，我们也必须增强国俗词语的教学意识。国俗词语的教学既属于词汇教学范畴，同时又属于文化教学范畴。那么在教学中我们主张国俗词语文化教学偏向。因为国俗词语在《大纲》中所占的比例相对较低，同时国俗词语所传载的文化不是一朝一夕就能学会并内化的，所以教学应该以词汇为基础，以文化为导向进行。因此，提高国俗词语教学地位需要从词汇教学的从属角度进行提升。笔者认为可以采用复现的形式进行提高。根据心理学的观点，语言形式出现的频率的高低在一定程度上决定了这种语言形式习得的结果。至于复现采用哪种形式，需要在教学和交际中根据任务要求进行调整。同时采用较为有趣的学习形式，提高学习的乐趣能够很大程度上加深对国俗词语的认知，使学生从心理上提升对国俗词语的乐学心态。

如何科学地进行国俗词语的教学需要不断地进行探讨，掌握实用的国俗词语教学方法是教好国俗词语的必要途径。国俗词语具有不同于其他词汇的特点，教学过程中的讲解自然也需要下功夫研究。

第二节　词汇的意义和用法

词汇作为语言三要素的重要组成部分，针对词汇的教学在对外汉语教学中无疑占有举足轻重的地位。本节讨论了"词义"的概念及其划分，之后着眼于对外汉语实际的词汇教学，将其分为"语言意义"与"文化意义"并加以详细论述，讨论两种意义之间的相互关系，最后探求研究词汇这两种意义对于对外汉语词汇教学和跨文化交际的重要性，并且提出对外汉语教师在进行词汇教学时所应该注意的问题。

一、"词义"的概念及其划分

1. 什么是"词义"

在进行对外汉语词汇教学的时候，首先，教师应该让学生明白这个词的"意义"，这点毋庸置疑。可是，什么是词语的"意义"呢？

词义，这个概念一直都是语言学界研究和讨论的重点。不同的学派、学者，对于这个问题有自己独特的见解。

英国语言学家加德纳（A.L.Gardiner）在其所著的《言语和语言理论》（*Theory of speech and language*）一书中认为"词的意义就是该词所联系、指称的对象"；美国描写语言学派的代表人物——布龙菲尔德在《语言论》中描述道："我们曾经给语言形式的意义（meaning）下的定义是，说话人发出语言形式时所处的情境和这个形式在听话人那儿所引起的反应。"当代英国伦敦语言学派的代表人物罗宾斯在《普通语言学概论》中，对词义下了这样的定义："一个词的意义可以看作它作为不同的句子的一个基本成分而被使用的方式。词典的工作就是概括地诠释语言里每个词在某类句子中的使用方式。"国内学者高明凯、石安石在《语言学概论》中，将词义定义为"某一语言的词汇系统中和词的语音形式相结合的、人们对客观对象的概括反映"。

《现代汉语规范词典》对"词义"的解释是"由词语的语音形式所表示的意义，包括词汇意义和语法意义"。而根据现代语义学的观点，词义是"特定语言中词的语言形式所表现出来的全部内容，它是生活在一定社会文化环境中的人们通过特定的思维方式对现实世界所做出的概括反应，以及由此引发的主观体验、评价和联想"。

2. "词义"的划分

英国的语言学教授杰弗里·利奇（Leech）在其《语义学》一书中，把意义分为七种类型：概念义、联想义、社会义、感情义、反映义、搭配义以及主题义。

① 词的概念义（conceptual meaning）就是一个词最核心的意义。

② 词的联想义（associated meaning）是词语附带义的一种。

③ 词的社会义（social meaning）就是能够侧面反映出说话人社会背景和个人特征的意义。

④ 感情义（emotive meaning）就是表达说话人感情和态度的一种附加意义。

⑤ 反映义（reflected meaning）指"当一个词语具有多重意义，其中某一个意义会使人联想到另外一种意义，而这种意义往往是社会的禁忌领域，这一种意义就是'反映义'"。

⑥ 搭配义（collocative meaning），由于某些词总是和另一些词搭配，其所形成的联想意义即搭配义。

⑦ 主题义（thematic meaning），说话者通过对词序的排列，从而表达出的意义。而根据现代语义学对"词义"的定义，不难看出，词义包含了两个方面：一方面是"人们对世界现实所做出的概括反应"，这个意义和利奇所指出的七种词义的第一种"概念义"是一致的；另一方面是"由此引发的主观体验、评价和联想"，利奇的第②、③、④、⑤、⑥五种词义都可以归为这一类，纳达（Eugene A.Nida）将这种词义称为"内涵意义（connotative meaning）"。

除了以上两种词义划分方法外，苏联的语言学家 J.C.巴尔胡达罗夫从现代符号学的角度，将词义分为三种主要的意义类型：指称意义、语用意义、言内意义。虽然词汇意义的划分方法、角度众多，其名称也各种各样，但是，本文着眼于对外汉语词汇教学，从实际教学的角度，这里将词汇的意义粗分为最有利于对外汉语词汇教学的两大类，即语言意义与文化意义。

二、词汇的语言意义与文化意义

1. 词汇的语言意义

词汇的语言意义是指"一个可成词的语素单独使用时或者构成短语时所分析出来的字面意义，它并不严格地等同于该词的概念意义，只是概念意义中的一项，也就是基本义"。这个意义具体在字典中，就是每一个词语下所列几个义项中的第一个义项。

例如"神"，《现代汉语规范词典》列出了四个义项。

① 古代传说和宗教中指天地万物的创造者和主宰者或具有超人的能力、可以长生不老的人物；迷信也指人死后的精灵。

② 指人的精神、精力或注意力。

③ 玄妙莫测的；极其高超的。

④ 人的表情所显示的内心活动。

在上述四个义项中，第一个义项，就是我们在这里所说的"语言意义"。

单单从语言意义的角度来说，从学生的母语当中基本上可以找到与目的语（即汉语）在语言意义层面完全一致的词语。例如，博物馆—museum；树—tree；月亮—moon 等。

不过，语言的学习往往不会这么简单，我们平时看美剧，尤其是情景剧的时候都有共同的经历，每个单词都听懂了，甚至句子的意思也能够明白，可是，只听到演员和配音在不停地笑，自己却只能靠生理反应微笑，可是心里完全不知道为什么而笑。这种经历就告诉我们，词汇除了语言意义而外，还有另一种意义，在我们日常交际中发挥着重要的作用，那就是——文化意义。

2. 词汇的文化意义

（1）定义

词汇的文化意义又称为词汇的"文化内涵意义"，正如同"词义"一样，词汇的文化意义的定义，不同的学者有不同的观点。

崔永华在《词汇文字研究与对外汉语教学》一书中，对"文化意义"的阐述是"指社会赋予词或短语的感情色彩、风格色彩、比喻意义、借代意义以及特有的概念意义"。曹炜在《现代汉语词义学》中认为"我们这里讲的文化义是指游离在词的理性义之外的附加意义，而不是指因文化积淀而形成的理性义"。而《事论汉语词语的文化附加义》一文中，张慧晶认为其"既不是反映特定民族生活中特有事物的词语的意义，也不是词义的构成要素感情色彩、形象色彩、态度色彩和语体色彩，也不是与词语的字面义存在一定差别的比喻义、借代义等，更不是词语所代表的事物的一些次要特征"。

对于以上几种说法，确实有其可取之处，笔者同意词语的文化意义"不是反映特定民族生活中特有事物的词语的意义"，这类词语有其专门的名称——文化词，如样板戏、京剧等，这些词语虽然能够很好地反映词汇的民族性、文化性，可是它们毕竟只是词汇的语言意义（理性义、指称意义）。但是就某些表述而言，还是值得商榷的。

① 张慧晶认为，文化意义"不是词义的构成要素感情色彩、形象色彩、态度色彩和语体色彩"。就这一点而言，笔者与张慧晶的看法恰好相反，正如崔先生所描述的，词汇的文化意义正是包括了词语的感情、态度和语体色彩。感情色彩比较好理解，一般来说分为褒义、贬义和中性三种。它体现了人们在用词汇反映现实中客观事物、现象的同时，还能够表现出对该事物、现象爱憎感情的主观态度。

崔先生所说的风格色彩，又称为语体色彩，分为书面语体和口头语体两大类。笔者之所以认为语体色彩也应归为"文化意义"，其原因在于：语体，它是"适应不同的社会活动领域的交际需要而形成的具有一定风格特点的语言表达体式"，因而，什么词适应哪一类的交际需要，这就反映出选择词汇的交际者的文化心理，因此，笔者认为，语体色彩也归入"文化意义"中。

② 曹先生为了证明其观点，举了一个例子，"'红'有五个义项：第一，像鲜血或石榴花的颜色；第二，象征喜庆的红布；第三，象征顺利、成功或受人重视、欢迎；第四，象征革命或政治觉悟高；第五，红利。这里除了第一个义项外，其他四个义项均是由'红'这个色彩词的文化含义凝结、固定而成。类似的还有'黑、白'等……这些色彩词的各种象征意义已经形成理性义"。这类的色彩词当然有其"文化意义"，就拿"红"来说，正是由于红色的太阳能够给予万物生命，给我们带来不可或缺的温暖和光明，所以人们喜欢红色，喜欢用红来代表吉祥、喜庆、欢乐。这已经很能表达人们对"红"的主观态度，因此，就曹先生举的例子来说，除了第五个义项"红利"现目前已经成为一个由文化积淀的

理性义之外，第②、③、④项仍然属于文化意义的范畴。

综上所述，"文化意义"指的应该是社会、民族附加在词语的语言意义上的主观意义，表达的是人们对词语所指的人或物所怀有的感情或者持有的态度，反映出交际者的文化心理、态度和感情色彩。

（2）词汇文化意义产生的原因

词汇的文化意义，一般通过三种方式产生：人们对于事物的感情评价、谐音以及文学作品。

① 感情评价。

人们通过长期在生产生活中对于事物特性的主观认识，从而对其做出一定的感情评价。例如，"狼"，人们认识到狼生性残忍而贪婪，昼伏夜出，伤害人畜，因而，赋予了狼"凶狠、残忍、贪婪、狠毒、忘恩负义"等文化意义。又如"松树"，正因为松树在坚硬的石缝中也能生存，且不畏严寒、四季常青，因此有着"品格坚贞、志行高卓、不畏艰难"等文化意义。

② 谐音。

"谐音"意为"包容了语言运用过程中借助于音同或音近的语音特点来表达意思，从而造成一种特殊效果的各种语言现象"，而有的词语的文化意义就是来自这种谐音。例如"柳"，"柳"与"留"谐音，因而古人分别时，往往有折柳送别的习俗，其多喻离别，因而"柳"有了"不舍、思乡"等文化意义；又如"石榴"，石榴多籽儿，这里的"籽"谐音同儿子的"子"，因而"石榴"也有了"多子多孙"的文化意义；"鱼"，谐音同"余"，因此每年末都要吃鱼，意味着"年年有鱼（余）"，从而"鱼"有了"吉庆有余"的文化意义。

③ 文学作品。

实际上这第三点与第一点感情评价有相通之处，这是由于文学作品的作者，发现了客观事物、现象的特点，从而对其进行感情评价，其文学作品推而广之，收到了更多的人的认可，从而形成了词语的文化意义。例如，"蜡烛"，唐代诗人李商隐一句"春蚕到死丝方尽，蜡炬成灰泪始干"从而给"蜡烛"赋予了"无私奉献"的文化意义；又如"兰花"，兰花生于山涧泉旁，树木茂密的地方，清艳含妖，幽香四溢，《孔子家语·在厄》中说道："芝兰生于深林，不以无人而不芳；君子修道立德，不为穷困而改节"，从而给"兰花"赋予了"君子"的文化意义。

（3）文化意义的性质

通过对文化意义的定义以及来源的讨论，我们大致可以将文化意义的性质归纳为五个方面。

① 民族性。

文化意义是在特定的文化背景中产生的，是建立在联想基础上的民族文化心理的产物，因而，不同的民族，由于具有不同的地理条件、风俗习惯、宗教信仰、价值观念、心理特征、思维习惯、语言资源和文化学术传统，对同一个现象会产生不同的心理联想和情感体验，从而使词汇具有不同的文化意义。例如，"月亮"，不论是汉语还是英文，对于月亮的语言意义都是一致的，即"地球的卫星，又称太阴"，但是由于中华民族独有的文化传统，在汉语中，"月亮"有着英文中"moon"所不具备的文化意义：月亮是美的象征，有着"高远、润洁、柔和、清幽"等文化意义，如《月赋》所述："气融洁而昭远，质明润而贞虚，弱不废照，清不激污"；月亮是中华民族寄托相思情感——恋人间的相思（明月何皎皎，照我罗床帏。忧愁不能寐，揽衣起徘徊）、对故乡和亲人的相思（床前明月光，疑是地上霜。举头望明月，低头思故乡）；月亮亦是团圆的象征（八月十五中秋节）。而以上种种，在英语的"moon"中几乎都找不到，所以，文化意义具有民族性。

② 社会性。

文化意义反映出来的是全体社会或绝大多数的社会成员对于某一个事物或现象的态度和看法。文化意义的产生，先是任意选择而后约定俗成，包括上文中所提到的由文学作品产生出的文化意义，也是先由作者联想，在文学作品中阐明自己的态度，然后随着作品的传播，得到绝大多数人的认可、继而不断使用，从而才形成了该词语的文化意义。

③ 主观认识。

文化意义反映出来的是人对于事物或现象所怀有的情感、主观态度。例如，"狗"这种动物，在汉语与英语当中，其语言意义都是一致的，都指"哺乳动物，听觉和嗅觉灵敏，牙锐利，性机警，易驯养"，但是"狗"的感情色彩与英文中"dog"的感情色彩截然相反。在汉语中，"狗"的文化意义是个贬义词，多被用来形容卑劣而丑恶的形象，如"走狗、狗腿、哈巴狗、丧家犬、狼心狗肺、狗仗人势、狐朋狗友"等；然而在英语中，"dog"被视为人最忠诚的伴侣，是个褒义词，如"lucky dog"等。

④ 变异性。

词语的文化意义并不是一成不变的，在满足了一些条件之后，其文化意义也会随之发生改变，以"乌龟"为例：龟自有史可证的殷商时代起一直到宋代，一直都深受汉民族的崇尚、喜爱，如商代用龟甲占卜、陆游晚年取"龟贵、龟闲、龟寿"之义，自号"龟堂"，以龟自居；然而，从元代开始，乌龟的"身价"一落千丈，再也无人以龟自居，因为，"乌龟"又有了"懦弱胆小（缩头龟）、妻子有外遇的丈夫"这类文化意义。

⑤ 多重性。

该性质指词语所具有的文化意义不一定是单一的，绝大多数是多重的，在不同的语境中，具有不同的文化意义，究其原因，则是因为一个事物的特征是多方面的，并且产生文化意义的原因也是多方面的，因而，这就造成了文化意义的多重性。例如上文中提到的"月亮"；又如"白色"，该词的文化意义也相当丰富，如"纯洁、死亡、反动（白色恐怖）、阴险"等。

3. 词汇语言意义与文化意义的关系

在游黎老师的跨文化交际课堂上，以汉语与英语为例，将词汇语言意义与文化意义的关系细分为了以下八种情况："第一，语言意义对应，文化意义也对应；第二，语言与文化意义皆不对应；第三，语言意义不对应，文化意义对应；第四，语言意义对应，文化意义此小彼大；第五，语言意义对应，文化意义此有彼无；第六，语言意义对应，感情意义有别；第七，语言意义对应，文化意义此大彼小；第八，语言意义貌合神离，文化意义差别很大"。

综合上述观点，从造成跨文化交际冲突的原因层面，将其分为三类。

① 两种语言的某一词语，语言意义相同，但一个有文化意义，另一个没有。以"醋"为例，"醋"在英文中为"vnegar"，两者的语言意义是一致的，即"具有酸味的液体调料，多用粮食发酵酿制而成"，然而，在汉语中"醋"却由于中国的历史文化，还具有"嫉妒情绪（多用在男女关系上）"这种文化意义，而这种文化意义，在英文中的"vinegar"是不具备的。如果没有弄清楚这种词义的差别，则不能很好地完成沟通交流，从而造成跨文化交际冲突。

又如"月亮"，这个词在上文中已经提到，与"moon"在语言意义方面是一致的，但是，汉语的"月亮"还含有许多"mon"不具备的文化意义。以其文化意义之一"思乡之情"为例，如果你（学习汉语的外国学生）与一个中国人同在异国他乡，晚上，中国人感慨道："月亮又圆了！"此时，如果你不能够很好地理解月亮的"思乡"之情，那么你就无法明白，为什么那个中国人要突然谈论起"月亮"，由此，就造成了跨文化交际的困难。

② 两种语言的某一词语，语言意义相同，也都具有文化意义，但是其文化意义不同。以"猫头鹰"为例，"猫头鹰"以及"owl"在语言意义的层面都是相同的"鸟，头圆像猫，身体淡褐色，多黑斑，两眼大而圆，嘴尖呈钩曲状，爪利；昼伏夜出，以捕食鼠类为主，俗称夜猫子"，并且两者都具有文化意义，可是，两个民族对于这个动物的感情色彩完全不同，由此，二者的文化意义很不一样：在中国文化中，"猫头鹰"是个不吉利的动物，民间有忌讳"夜猫子进宅，无事不来"，因此，"死亡、厄运"是"猫头鹰"的文化意义；然而，"owl"在英文中，却是"聪明、智慧"的象征，英文中就有短语，"as wise as an owl"。

又如东西方的"龙"—"dragon"，无疑，这是一个经典的例子，当我们在进行对外汉语教学时，遇到与"龙"有关的词语，比如"龙的传人、望子成龙"等，都是将"龙"直接翻译为"dragon"，这么一来，来自西方国家的学生就很困惑，"dragon"明明是"凶残、狠毒、能喷火、报复心极强，爱吃人"的动物，为什么中国人要说自己是这种凶残的动物的后代？还希望自己的孩子成为它？殊不知，在中华文化里，"龙"有着腾云驾雾、呼风唤雨的能力（这对于种植庄稼、靠天吃饭的中国先民们太重要了），象征着"权势、高贵、尊荣、成功"，如"望子成龙"，父母并不是希望自己的孩子成为凶猛残暴的人，而是希望孩子能够有出息，将来成功地干一番大事业，出人头地。就这样，由于"龙"这个词语在东西方文化中的文化意义不同，如果在对外汉语词汇教学的过程当中没有解决好，就必然会引起跨文化交际冲突。

4. 研究词汇语言意义、文化意义对于对外汉语教学的重要性

在对外汉语教学中，研究词汇的语言意义与文化意义，主要意义就在于成功地进行跨文化交际。

对外汉语教学的整个过程及其目的都属于跨文化交际的范围，随着对于汉语的一步步学习，跨文化冲突就一直伴随着学习汉语的学生。而要让这个跨文化交际的过程成功，那么对词汇的语言意义的准确把握仅仅是一个基础，能否准确理解词汇在目的语，即汉语当中的文化意义，决定了交际者能否正确选择、使用可以准确表达其思想、意图，并且避免因文化差异使对方产生误读的词语。

从学习汉语的外国学生方面来说，掌握好词汇的语言意义与文化意义，有利于加深对汉语乃至汉文化的了解；不仅仅从表面上，还要从思维层面上进行更地道的汉语表达，从而顺利地运用汉语进行交际。

从对外汉语教师方面来说，教师要将词汇的语言意义与文化意义放在同等重要的位置上，并且，不仅要能很好地把握汉语词汇中的文化意义，更要了解来自世界各地的学生的民族文化，从而将学生母语词汇的文化意义与汉语词汇的文化意义进行对比，这样才能更好地向学生教授汉语词汇。

但是，有一个问题需要引起我们注意，那就是对于讲解词汇文化含义的"度"的把握。在语言教学当中，语言知识的传递永远是第一位的，重视研究汉语词汇的文化意义，对于对外汉语教学来说，其目的并不是去深究文化意义的来源，而是在于帮助学生更好地根据语境选择词语从而顺利地进行汉语交际。因此，对于词汇的文化意义的揭示，教师应该做到"适可而止"，学生能够正确地理解、运用词汇即可，切记不要拽住"文化"的尾巴大讲特讲，从而忽略了对外汉语教学作为一门语言教学的本质与目的。

全面而正确地理解一个词语并非轻而易举，学生不仅要了解词的字形和语音，还要全面地掌握词语的意义和使用方法，这其中，对于词语的意义——语言意义和文化意义的正确理解，能够很好地提高学生的跨文化交际能力。学生学习汉语的这个过程就是跨文化交际的过程。因而教师要在此过程当中，努力地培养学生的良好的跨文化交际能力，而着眼于教学当中，词汇教学无疑是一个很好的平台，对外汉语教师可以从词汇的语言意义和文化意义着手，帮助学生克服文化冲突，排除母语语言和文化的干扰，扫除理解和运用汉语词语的文化心理障碍。

三、词语在对外汉语教学的用法

1. 直接法在对外汉语词语教学中的运用

（1）直接法概述

19 世纪末，资本主义在世界范围内有了很大发展。语言成了国际交流与贸易中的一大障碍。培养一批能与其他国家的人进行交流的外语人才的需求变得急迫起来，外语口语的重要性也随之显现出来，传统的外语学习方式语法翻译法，因其对口语的忽略而遭到了强烈的批评与指责，同时这一时期语言学、心理学、教育学等相关学科的发展也为新的教学法的产生奠定了理论基础。

产生于 19 世纪末 20 世纪初的西欧的直接法，又被称为"自然法""改革法""口语法"等。虽然叫法各异，但本质相同，即在外语学习中，尽量排除母语，通过目的语与事物及意义间建立直接联系的方式来学习目的语。在教学中，直接法以口语教学为重点，以句子为教学单位，使学习者通过反复模仿、操练、记忆的方式学习语言，最终达到让学习者学会用目的语进行交流的目的。

（2）直接法在词汇教学中的运用

① 实物、图片等在词汇教学中的运用。

使用实物、图片等是词汇教学中直接法应用的最典型的方式。很多词语解释起来比较吃力，效果也不好，但是通过图片和实物的展示，学习者就能很容易地获得对某一词语的直观认知，进而有效地掌握该词语。这种方式一般运用于名词的学习和掌握。特别在汉语学习的初级阶段，大量的事物名词的学习运用直接法既简便又有效，从最普通的教室中的座椅、门窗，到其他如动植物名词、日常事务名词等都可以用实物和图片进行教学。直接法的优势在此得以充分体现。例如，我们在讲授饮食这一内容时，仅凭语言讲解，会显得单调乏味，而通过图片和实物的展示则可以让学习者对中国的饮食有一个直观的认识，激起学习者的学习兴趣。

一些具有中国特色的词语，用直接法进行教学也可以达到比较理想效果，比较典型的是一些中国独特的事物、成语等。如"文房四宝"可采用实物展示，让学习者接触到这一中国独特的文化事物就可以使他们很好地掌握这一名词。又如"虎头蛇尾"可在黑板上画上由老虎的头和蛇的身子组成的动物，直观地给学习者解释这个成语的含义。

另外一些方位名词、时间名词等也可用图示的方法来讲解，让学习者能够清晰地明白它们的意思。如讲解"里""外"时，可以利用实物以"教室里""教室外"来使学生明白其含义。

随着科技的进步，直接法的实物、图片展示也与时俱进，这主要体现在多媒体教学中，音频、视频的运用不仅使课堂教学变得更加生动有趣，也是学习者对词语的学习变得事半功倍。

② 体势语在词汇教学中的运用。

直接法在对外汉语教学中的运用，不仅体现在静态的图片、实物展示上，动态的体势语也是其有效的教学方式。汉语中有大量具有体势语特征的词语，因此运用体势语教学很容易达到学习词语的目的。

体势语主要包括肢体动作和面部表情，在动词和一些形容词的讲解中经常得到运用。例如，对"拉""推""拽""拖""拔""举"等一系列动词的讲解，采用体势语进行教学就可以使学习者很快掌握这一系列动词的意义与区别。

一些比较抽象的动词也可以用动作进行教学，比如讲解"消失"时，教师可以随意拿一个物品放在学习者眼前，然后使物品逐渐远离学习者的视线，最后放在学习者看不见的地方，指出物品"消失"了，这样能够让学习者迅速明白"消失"的含义。

另外，形容词也可以用体势语的方式来教学，如"愉快""难过""吃惊"等形容词可以使用面部表情来诠释，让学习者了解其意义。

③ 在句子中学习词语。

直接法的一大特点就是在学习时"以句子为教学的基本单位，整句学、整句运用，而非从孤立的单词开始"。所以从句子中学习词语也可以看作直接法在词语教学中的运用，而这一点往往会被人们忽略。

含义丰富是汉语词汇的一大特点，很多词语常具有几个意向，这时就需要结合具体的句子对词语进行理解，通过不同的句子使同一个词的不同含义区别开来是学习多义词的一个简单易行的方法。

如"深"的意向有很多，主要有"从上到下的距离""颜色深浅""深奥、深刻""深厚、亲密"等。这时我们就可以通过简单的句子使学习者了解这个词的不同含义："这个坑很深""这件衣服的颜色比那件衣服的深""这个问题很深""母亲对孩子的感情很深"。需要说明的是，在通过句子学习词语的同时，可以使用直接法的其他方式辅助，比如，前两个例句可以配以图片展示，第三个句子可以再通过"一个很难的问题大家都不懂"这一情境导入（需要指出，后来产生的情境法等都可以看成在某方面对直接法的继承）。

汉语学习的最重要目的是用于实际的交际，而交际是以句子为单位的，通过句子学习词语，不仅能使学习者较好地掌握词语的含义，而且能使他们明白词语的具体使用，为提高他们的交际能力奠定了基础。

（3）运用直接法进行词汇教学的优势与局限

通过分析不难看出，用直接法进行词汇教学的优点主要是：利用母语进行教学，使母语对目的语学习的干扰降低；将生活中的实物与目的语的学习直接联系，强化了记忆；注重口语交际，提高了语言的实用性；生动多样的教学形式，使课堂教学更加有趣，进而可以激发学习者的学习兴趣，帮助他们更好地掌握汉语。

　　同时直接法也有其自身的局限性：排除母语教学在现实中很难做到，尤其在中高级汉语词汇教学中，仅靠直接法教学反而会妨碍学习者对生词的掌握；直接法对一些具体的名词、动词讲解时比较有效，但一些比较抽象的词语很难通过直接法进行教学；许多词语除概念义之外，还有其附属义（即形象色彩、语体色彩、感情色彩），仅靠直接法教学是不能使学习者明白的；另外仅重视口语会使学习者对词语的掌握不够牢固。鉴于此，在认识到直接法在对外汉语词汇教学中的优势的同时，也要清楚地了解它的局限性，并搭配其他教学方式弥补其不足，以达到更好的词汇教学效果。

2. 字本位在对外汉语词汇教学中的运用

　　（1）对外汉语教学落后不重视字本文的原因

　　①"汉字落后论"思想的影响。

　　近一个世纪以来，人们对汉字的批判一直没有停止过，拼音文字得到了许多人的崇拜和认同，而汉字所具有的多方面的功能和独特的优势却未得到充分的认识。从世界文字发展轨迹来看，文字的发展经历了"表意—表意兼表音—表音"三个阶段。汉字现在仅停留在"表意兼表音"的第二阶段，随着社会的发展，表音化似乎是汉字发展的必然趋势，但这种推断忽略了一个重要事实，那就是汉字本身的特性。

　　②"重语轻文"思想的干扰。

　　在对外汉字教学中，书写一直没有得到足够的重视，书写是培养汉字能力的基础。汉字能力的各个要素的培养都离不开对字形的把握。同时，书写又是培养汉语能力的阶梯。我们认为汉语言能力的四个要素中"写"应该包括写字和写作。写作水平和阅读水平的提高是以写好文字为前提条件的。以拼音文字为母语的人，在母语的习得过程中，写字只是教学之初的事。而对于汉语的学习，学写汉字应该是留学生贯穿汉语学习的始终的要素。

　　③忽视第二语言教学的特点。

　　"对外"汉字教学往往简单照搬对内汉字教学的内容和方法，忽视了其自身的规律和特点。另外，对外汉字教学也常常忽略汉字丰富的文化内涵，割裂汉字与中国文化之间的关系，使得字与字之间、字与词之间缺少内在的文化联系，这样汉字就变得更加难于理解和掌握。

　　（2）词汇主导模式下的汉字教学特点

　　①汉字是个相对独立的系统。

　　按照通行的文字理论，文字是基于书写语言的需要而产生的。世界上所有自源性的文字体系最初都是象形表意的。究其原因，还是汉字与汉语相匹配。在汉字发展的早期，人们也曾大量用记音的方法造字。不过，汉字的音符始终都是临时借用的，它没有发展成为专门的固定的表音符号，如假借字和形声字的音符。为了区别同音现象，形声字大量产生。

汉语宁可容忍同音现象，用形声造字法来解决这一问题，宁可将单音节词双音步化，宁可在语序和虚词方面多做文章，也绝不在单音节语素上增加音节来区别语义。基于此，汉字始终没有向纯表音文字过渡的自然趋势。汉字的特质，给熟悉表音文字的学习者造成了特殊的困难。

② 词汇主导模式中汉字的作用。

汉语词汇中的同音现象很突出，因为汉语词的音节结构简单。古汉语词单音节占优势，一音一词一字，同音词和异读词很多。现代汉语词双音节占优势，很大程度上减轻了汉语词的同音现象，但随着词汇系统增容，同音现象还是不可避免。我们认为对外汉语教学中的汉字教学是相对独立的，但不是孤立的，"不是单纯的识字教学，而是以汉语能力为依托的汉字教学，同时也是以汉字为核心的汉语教学"。对外汉语教学以词汇为主导，汉字在词汇教学中肩负有辨音、正义的作用，是词汇教学的有力支撑。

③ "字本位"理论的实用价值。

对外汉语教学中一直存在着"本位"之争。近年来，"字本位"曾有一度压倒"词本位"的趋势。"字本位"理论的贡献在于对"字"进行了重新界定。如果按照结构主义语言学的观点，语言是分为表达系统和内容系统的，汉语的语素只能看作表达系统的单位，处在语言线性系统的最低一级。而汉语的"字"却是一个非线性的单位，是音义的结合，兼跨表达系统和内容系统。"字"有顽强的表意性，语义是它的核心，"字"关联的语音形式直接对应概念，是汉语的基本结构单位，在印欧语中，具备这一性质的基本结构单位是"词"。我们不难发现，"字本位"理论中的"字"不再是纯粹文字学意义上的字，而是指"词"的视觉形式，汉字是形、音、义的综合体。所以，对外汉字教学属于语言学范畴，不属于文字学范畴。

（3）以"字本位"为基础加强对外汉语词汇教学的方法

① 构建教学字库。

汉字是以汉语词为依托的，所以汉字教学字库的建立要充分考虑教学词库。在教学词库的基础上，建构教学字库，是汉字教学的中心内容。当然，汉字字库的建构原则有其特殊性。教学词库包括心理词库、即知词库和欲知词库，与之匹配的字库却不能这样分区。汉字文化圈里的学习者，稍不留意，轻率地以本国文字建立起"心理字库"，往往会造成负迁移。汉字教学字库不能简单地对应教学词库，应该根据汉字的特点建构。汉字是形、音、义的综合体，因此可以分别依据这四个要素构建子字库：字形字库、字音字库、字义字库。

② 加强教学词库建设。

词汇主导模式的对外汉语教学首先要建立教学词库。教学词库应该包括心理词库、即知词库和欲知词库。心理词库的内容是已知的，是学习者已经储备在头脑中的词汇。即知词库是指汉语教材中出现的，课堂教学要求掌握的词汇。欲知词库是指学习者想知道又不知道的词汇。对外汉语教学词库以心理词库为前提，以即知词库为根本，逐步扩展欲知词库，是个动态建立的词汇系统。

③ 推行"写念认说查"层次教学方法。

在实际汉字教学中，教授生字时，教师首先在黑板上示范生字的写法，包括笔顺、笔形等。这种示范应该是正确的、规范的、慢节奏的，保证每一个学生都看到了生字的书写方法。当教师在黑板上示范书写了一个生字之后应该立刻为该字注释拼音。学界对汉字教授的方法有各种不同的意见，如部件法、笔画法以及重视汉字的形旁或声旁，讲授典型汉字造字法，介绍汉字背后的文化和故事等。应用汉字时，可以根据联系法、归类法、联想法等方法来将我们的教学从字扩展到词。教授过程完成以后，教师应该在反复的训练和复习中数次检查学生是否正确掌握了所学生字。查，是一个长期而持续的工作，教师可以当堂检查，可以下一次课检查，也可以是在今后的教学过程中用到该字的时候再检查。

3. 对外汉语词汇教学的要点分析

教师在词汇教学中，如何针对学生的特点进行有效的教学，一直是值得研究和探讨的问题。汉语词汇千差万别，相应的教学方法也种类繁多，且因人而异。

（1）避轻就重

为了研究科学的词汇教学方法，曾有学者做过统计和比例测算，结果是，仅初级水平的汉字量就可以构成6300多个词。由此，我们可以发现，现行等级标准的汉字生词太多，因此在课堂教学中不可能而且也没有必要平均使用力量。这就要求教师要根据学生的实际汉语水平和词语的使用频度有针对性地在全课生词中选出重点词，然后根据实际需要划分出不同层次，对学生提出不同的要求，进而在各节课上分别解决。我们可以把全课生词分为以下三类。

① 需要着重讲解和练习的词语，如一些常用的虚词、动词等，要求学生全面掌握。

② 只需简单介绍基本含义的词语，如书面语中常见的一些词，只要求学生能读会写，了解它们在一定词语搭配中的意义。

③ 只需介绍在课文中意思的词语，如少量的生僻词，要求学生能看懂就可以了，不需要活用。

除以上三种分类，对于一词多义的情况，也要按照各词义重要程度的不同而有所区别，不必面面俱到。

（2）灵活对比

汉语中存在大量意义相近的词语，这使得汉语显得博大精细、绚烂多彩，也使得汉语表达更细腻准确、富于变化。在学习汉语的初级阶段，由于水平所限，我们只要求学生能比较准确清楚地表达出自己的意思即可，对于使用的词语并不要求灵活多变。但是随着留学生汉语词汇量的不断增加，碰到的近义词会越来越多。如果只是没有计划地遇到一个讲解一个，很容易造成学生理解上的混淆，这就是留学生常常会闹出张冠李戴的笑话的原因。

所以在对外汉语教学中高级阶段的词汇教学中，教师应有计划地将意义相同、相近的一组词同时进行讲解，在词义和用法的对比中使学生不仅能快速准确地掌握词语，而且在进行口头与书面表达时，既准确恰当，又生动鲜活。

（3）强化运用

留学生的学习成果最终要体现在实际生活中语言的表达上，如果只是一味地强调和满足于死板地记忆词语的语法和词义，不在实际运用中加深学生的理解和印象，就会很容易出现许多词不达意的"外国汉语"，因此词汇的使用训练必不可少。杨惠元教授曾指出："在词语教学中，教师不仅仅要讲清楚词语的音、形、义，更主要的是讲清楚词语的用法，即词与词的搭配以及搭配时应该注意的问题，并且要通过大量的练习来让学生掌握词语的用法。"教师一定要注意贯彻精讲多练的原则，在讲词过程中，不要只是教师讲、学生记，而是要采用多种多样的练习方式使学生真正学会使用所学的词语来表情达意。比如教师可以在讲解完一个词语后马上让学生造一个句子；可以在比较完几个相近意义词语后让学生选词填空；可以让学生用指定的一些词语做一个情景对话或写一篇作文；还可以在学完整课生词后教师说含义，让学生用生词去对号入座；如果有必要，教师还可以在课堂上把词语练习作为一个独立的教学环节来处理，把比较难以掌握的词语集中进行练习。通过各种练习，不但可以检查课堂教学的效果，还可以培养学生运用词语的技巧。但是要注意，在一节课上不能同时采取过多方式进行练习，因为有可能使学生无法适应和消化。

第三节　词汇的语境知识

一、语境的定义与分类

语境概念的提出可以追溯到 20 世纪 20 年代。最早提出语境这一概念的是波兰人类学家马林诺夫斯基（B. Malinowski），他提出："话语和环境紧密地结合在一起，语言环境对于理解语言来说必不可少。"之后他的学生英国语言学家弗斯继承了他的观点，并提出"语言环境包括上下文语境和情境语境"的观点。1964 年，韩礼德在继承以上两个人观点的基础上提出了"语域"这一观点，并将语言特征的情境因素归纳为三种：语场、语旨和语式。我国语言学家胡壮麟先生在研究韩礼德观点的基础上提出了将语境分为语言语境、情境语境和文化语境三类的观点。语言语境即上下文（语篇内部）语境，情境语境即语篇产生时的环境，文化语境即作者所在的语言社会团体的历史文化和风俗人情。王初明先生提出了"补缺假设"构想，他认为语言与语境知识的有机结合是语言正确使用的前提。

1. 语境的定义与性质

王建平先生从语用学的角度给语境下了定义："语境是人们在语言交际中理解和运用语言所依赖的各种表现为言辞的上下文或不表现为言辞的主观因素。"1923 年马林诺夫斯基把语境分为"语言性语境（情境语境）"和"非语言性语境（文化语境）"。语言性语境指的是在交际过程中为表达说话者的某个特定意义而使用的，表现为话语的上下文，它在书面语和口语中都有体现；非语言性语境指的是在交流过程中为表达说话者的某个特定意义而依赖的各种主客观因素，包括交际发生的时间和地点，交际者的身份、地位和文化背景，交际的目的、方式、内容以及各种与交际同时出现的非语言符号（如姿势、手势）等。

2. 语境的构成

语境是当代语言学研究中的热点和难点问题之一。它是如何构成的？这个问题历来众说纷纭。从 20 世纪 20 年代英国人类学家马林诺夫斯基最先提出文化语境和情景语境两大类以来，有关语境构成因素的讨论就一直没有间断过。国外有代表性的如伦敦学派语言学家弗斯认为，语境不仅指："语言的上下文"还指"情境的上下文"。英国语言学家韩礼德用"语域"的概念等同于"语境"这个术语，他的语域由"话语的范围""话语的方式"和"话语的风格"三者构成。美国语言学家海姆斯提到的语境因素有："话语的形式和内容、背景、参与者、目的、音调、交际工具、风格和相互作用的规范等。"国内关于语境的构成因素的研究最早始于陈望道。在 1932 年出版的《修辞学发凡》中，他提出"情境"的概念，大体相当于我们所说的语境。他认为情境包括了"六何"：何故、何事、何人、何地、何时、何如，它们都对修辞活动有影响。20 世纪 60 年代以后，国内语言学界对语境的研究逐渐重视，对语境的构成因素也有了不少新的讨论。王德春认为，语境由客观因素和主观因素两大部分组成。客观因素分为时间、地点、场合、对象等，主观因素分为使用语言的人的身份、思想、性格、职业、修养、处境、心情等。廖秋忠认为，语境包括上下文、交际双方的目的、交际双方对彼此的认识与假设、说话的现场知识、世界的知识、彼此的信仰、文化背景与社会行为模式的知识等。王希杰认为，语言环境是交际活动中的四个世界的统一，即由语言的世界、物理的世界、文化的世界和心理的世界构成。

还可以举出一些不同的说法。总括以上不同的观点，可以发现人们所说的语境的构成因素是相当庞杂的。大到社会、时代、文化，小到具体的话语形式和内容、上下文，几乎无所不包。难怪有人说，语言学家提出语境因素问题也就是给自己提出了一个永无止境的不可能详尽完成的任务，更有人断言："语言是一种社会现象，社会上的一切都可能成为语境。语言是一种物质现象，自然界的万事万物都可能成为语境。语言是人类本身所特有的交际和思维的工具，那么人类本身的一切也就都可能成为语言的环境。"面对这几乎一切社会的、自然的种种"语境因素"，主要有以下几点。

（1）语境构成因素的判别标准

从理论上说，世界上的万事万物都有可能成为语境的构成因素，从而成为语境研究的对象。那么，是否意味着我们将面对永远无法穷尽的因素而束手无策呢？事实上并不如此。要判别什么是语境的构成因素，首先需要同语境的性质结合起来。我们认为，语境是与具体的语用行为密切联系的、同语用过程相始终的、对语用活动有重要影响的条件和背景；它是相对独立的客观存在，是语用学研究的三大要素之一，并同另外的两大要素——语用主体和话语实体处于同一个结构平面上。在这里，语境与"语用主体和话语实体处于同一个结构平面上"这一性质是重要的，这样就将语境在语用学研究中的独立地位及其他要素的关系基本确定了。由此我们来检视一下上面各家提到的诸多因素，可以发现有些其实不应该简单地作为语境的构成因素来看待。如"话语的形式、内容""音调""交际工具"等，是属于话语实体范畴的；"使用语言的人"以及"身份、思想、性格、职业、修养"等因素，是属于语用主体范畴的。它们都可以在语用学的另外两大要素中进行专门研究，不宜简单地当作语境来看待，至少应该具体情况具体分析。

其次，判断语境的构成因素要同其功能和具体的语用行为结合起来。一切有可能成为语境的种种因素，如果失去了和具体语用的联系，没有对语用产生影响，也就没有充当语境的资格。所谓一切社会现象、一切自然现象和人类本身的一切都可能成为语境的说法，是不太准确的。因为这些"一切"在没有同具体的语言交际结合并产生影响之前，都只是"可能的"语境，并非现实的语境。例如：

马克思与燕妮心心相印，情投意合，浓浓的爱恋在两个人心中皆是"心有灵犀"，双方都没有"一点通"。有一天，马克思拿出一个漂亮精致的匣子，郑重地对燕妮说："我已经深深地爱上了一位美丽的姑娘，我决定和她结婚。"这突如其来的一击使燕妮惊呆了，她急切地问："她是谁？"马克思说："她的相片就在这匣子里，你一看就知道。"燕妮用颤抖的双手接过匣子，打开来，她这才恍然大悟，再也顾不得羞怯，一头扎进了马克思的怀里。原来匣子里是一面镜子，打开匣子，燕妮的玉照就出现在里面了。

这个例子的匣子，是语用中的现实物品。一般情况下，很难说它就是语境因素，充其量也只是可能的语境因素。但在这次交际中它对语用活动的作用是直接的、明显的，因而应该属于语境的构成因素。

更进一步，判断语境的构成因素还有一个重要参数，就是它们是否可以把握，可以分析。现实语用是千变万化的，所涉及的语境因素也是千差万别的。不管如何复杂，语用学研究中的语境构成因素必须能够进行归纳、分析，使之成为可供研究的对象，并进而规则化、科学化。过去有些研究对这一点重视不够，所讨论的语境构成因素庞杂无序，还有不少"只可意会不能言传"的东西，这对语境构成的理论研究是不利的。

（2）语境的构成因素具有结构性

作为语用学研究的三大要素之一，语境本身也是一个系统，其诸多构成因素同样具有相应的结构性。这种结构性表现在两个方面：一是其内部诸多因素之间不是杂乱无章的堆砌，而是类似于原子构造般的——有稳定的核心因素，也有较自由的外围因素；二是其外部同语用学研究的另外两大要素——话语实体和语用主体互相交叉渗透，互相交换能量，从而不断产生新的语境因素。注意到语境的这种结构性，具有重要的理论价值。

先看语境构成的内部结构性，其有两个含义。一是语境内部的构成是有层次的。每一个语境（除最小的语境外）包含一个或多个更小的语境；每一个语境（除最大的语境外）包含在一个或多个更大的语境当中。即其内部具有层层内包的结构方式。语境构成的内部结构性的另一种含义是：不同的语境因素在具体的语用活动中的作用并不是完全等值的。它们的出现频率有量的不同，活动的形态有稳定和动态的差异。由此也就形成了核心语境构成因素和外围语境构成因素的区别。

所谓核心构成因素是指在现实交际中与语用过程同现的、并与之伴随始终的种种因素，它们相当得稳定，与语言交际须臾不可分离。常见的有：时间、地点、场合、境况、话题、事件、目的、对象等不可少的现场语境因素；另外还有社会心理、时代环境、民族习俗、思维方式和文化传统等。因为任何语言交际都在它们的影响之下进行，语用的成功与否，同它们密不可分。

语境的外围构成因素主要指在语言交际中出现的一些带有临时性质的因素，如交际者的身势、体态、关系、情绪、语用的语体、风格等。同核心因素相比较，这些因素或不是伴随始终的，而是可选择的；或不是必有的，而是可缺的；或出现频率不是很高，或性质和功能不是太稳定，更多的带有临时性的、自由的色彩。比如，在人才招聘会上，求职者如得知考官与自己是同乡，那么他很可能会改换自己的语码形式，用家乡话与之交流。这种语码转换是话语的形式问题。虽则属于话语实体范畴，但它对交际肯定要产生不同的影响，因而也可以看作主体有意构成的语境。只不过这语境具有明显的临时色彩。至于其他类似的临时性语境因素，如上例中的自然物品——匣子，也可以同样归纳为语境的外围因素，因为它们大都具有相似的性质。

再来看语境构成的外部结构性。语境是语用学中与话语实体、语用主体并列的三大要素之一，是相对独立的客观存在。但这是否意味着语境与另外两大要素之间就泾渭分明，没有任何交叉和渗透呢？这是语境研究中需要深化的理论问题之一。一般地说，语境与语用主体和话语实体之间的疆域是清楚的。但语境也像任何一个系统那样，内部诸因素有序地排列和运行，外部则与相关系统不断地互相影响和渗透，不断地交换能量，其结果便形成了特定的语境。最为明显的是语境同话语实体的交叉而产生的"上下文语境"。例如：

记得转战陕北。有天夜里住进田次湾，十几个人与毛泽东挤入一座窑里睡。房东大嫂不安地一再说："这窑洞太小了，地方太小了，对不住首长了。"毛泽东依着大嫂说话的节律喃喃着："我们的队伍太多了，人马太多了，对不住大嫂了。"说得大嫂和同志们都哈哈大笑起来。（权延赤《走下神坛的毛泽东》）

毛泽东说的话顺着大嫂的上文而来，反映在形式上是句式、节律的相似，在内容上是两相对照。之所以引得大家哈哈大笑，上下文的语境起了很大的作用。

同样，语境也可同语用主体交叉而产生某些特定的语境。在语用学研究中，语用主体的种种特征通常是在语用主体的研究范畴中的，如"身份、思想、职业、修养、性格"等应属于主体的语言能力和语用能力方面，"心情"可归为主体的主观态度方面，都不必划到语境中来。但如果在某一具体的语言交际中，某个主体由于心情的原因，影响了话语的组织或背景知识的调用，从而也影响了语言交际的进行，那么，这时的"心情"因素也可看作语境因素，它是主体生成的新的语境——情绪。例如：

一次设计工程招标会上，几家设计单位的方案竞争十分激烈。开始大家还温文尔雅，心平气和，但因涉及各自的切身利益，言辞之间逐渐带上"火药味"。后来，一位未能中标的工程师大声说道："设计这种事吃力不讨好，我再也不干了！谁干谁是王八蛋！"话音刚落，好几个人几乎同时站起来质问他："谁是王八蛋？你说清楚，谁是王八蛋？"（《交际与口才》2000 年第 6 期）

这里该工程师说的话明显受心情的影响，未顾及场合，伤害了他人，带来了不好的交际效果。无疑，这种心情可以看作语境因素，它带有不稳定的临时性。

"认知语境"是语境同语用主体的交叉而形成的一种更值得注意的语境。语用主体的关于世界的百科性知识是构成认知语境的主要因素。在具体的语言交际中，人们需要遵循什么样的社会文化制约，在特定的场景中面对特定的对象应该用什么样的话语，如何恰当地利用上下文语境因素等，都属于百科知识的范畴。很显然，语用主体的知识丰富与否、能否准确调用等直接影响到语用的成功与否。

同上下文语境相比，认知语境呈现出较大的开放性和自由度，也就是说它们可能是交际双方的"共享知识"，也可能是表达一方或理解一方各自构建的认知语境，二者之间可能一致也可能不一致，由此反映出认知语境的动态性和差异性。需要指出的是，不论这种认知背景是否一致，它们都会对具体的语用产生影响，例如：

当年李鸿章出访美国，一次他宴请当地官员，席上循例说了几句客套话："今天蒙各位光临，非常荣幸。我们略备粗馔，没有什么可口的东西，聊表寸心，不成敬意，请大家包涵……"云云。第二天报纸照译为英文登出来，饭馆老板看了大为恼火，认为李鸿章是对他的饭馆的污蔑。除非他能具体提出菜肴怎么粗，怎么不可口，否则就是损害他店家的名誉。他提出控告，要求李鸿章赔礼道歉。（《文汇月刊》1983 年第 7 期）

这里虽然有文化差异的问题，但主要原因还是双方所具有的背景知识不一致，有不同的认知语境。同其他的语境因素影响语言交际一样，这种认知语境对交际的影响也是明显的、可以把握和分析的。而且在现实中，这种认知语境往往对语用有更大的影响。这也就是我们把它称为"认知语境"，纳入语境研究的范畴而不放到语用主体范畴之中去研究的原因。

综上所述，我们可以对语境的构成做如下小结。

① 构成语境的因素必须同语用的行为、活动、过程有密切的关系，并对语用本身产生重要的影响。因而，上下文、前言后语、时间、地点、场合、境况、自然物、话题、事件、目的、情绪、对象、关系、体态、语体、风格、社会心理、时代环境、思维方式、民族习俗、文化传统、认知背景等通常是语境的构成因素，因为在具体的交际中它们总是同语用行为有这样那样的联系，或显或隐的影响和可大可小的作用。

② 具体语用过程中的语境因素应该是可以把握、可以分析的。对于语用学研究而言，语境的构成因素不应该停留在只可意会不可言传的境界，要能从纷繁复杂的现象中抽象出可以作为科学研究的规律性的东西。

③ 要重视语境构成因素的结构性，其内部结构的有序性和外部结构的渗透性是有机的统一。语境的内部构成是一个系统：核心部分相当稳定，外围部分不断地与相关系统交换，或产生新的语境因素，或置换旧的因素。上下文语境因素现已成为学界的共识，其实它是与话语实体交叉而得出、生成的；认知语境因素正为越来越多的人所认识，它同样是与语用主体交叉而生成的。由此，可以看出这两种重要语境因素的存在理据。

（3）语境的构成必须有辩证的思维

在现实的交际中，语境的构成因素处于动态的生成、变化之中。语用主体的一些特征、话语实体的一些变量乃至于一些临时性的不定因素都有可能转化成相应的语境因素，这主要看它们是否影响了语用的行为、过程和效果。这样来认识语境的构成，有助于把握语境的核心因素，同时又呈现出开放性的特点，为语境的分析和研究大致廓清了范围。

3. 语境的分类

语境的分类是将上面讨论的构成因素按一定的原则有序地加以归类，形成一个条理清晰、层次分明、具有理论上的科学性和操作上的简便性的系统。毫无疑问，这个问题既同上面讨论的构成因素密切相关，又比它还要重要，而且更加复杂。

学术界对语境的分类做过比较多的探讨。在以往的研究中，我们曾做过归纳。有角度不同的分类：着眼于构成，分为客观因素、主观因素和临时主观因素；着眼于功能，分为外显性和内隐性两类，或内部语境和外部语境两类，还有分出自足与不自足的及多余语境几类的；着眼于稳定，分为稳态语境和动态语境等。也有不少进行层次的分类，分出三个、四个不等的层次，再做下位的更细致的分类。除此之外，语言语境/非语言语境，狭义语境/广义语境，大语境/小语境，直接语境/间接语境，上下文语境/情境语境，真实语境/虚拟语境，明语境/晦语境，语言的知识/非语言的知识等术语，也都是在语境分类中出现过、使用过的。可见语境分类问题的现状是何等的不统一。

语境的分类与其他事物的分类一样，首先要确定分类的原则和标准。分类应遵循以下几点原则。

（1）周遍性原则

语境的分类首先要有周遍性。这指的是分类要着眼于完整的系统，将相对独立的语境系统中的各种语境构成因素都涵盖在内，几无遗漏。也就是说，上述各种语境的构成因素在理论上都应在这个分类中找到位置。当然，由于语境的动态性质，这种周遍性不是封闭的、僵化的，而应该是开放的、灵活的。如上所举的一些临时的、生成性的语境因素，也应在这个分类系统中得到体现。

（2）层次性原则

语境系统内部的各构成因素是按一定的层次有序地排列并呈现着功能的。一般地说，由上下文语境，到时空语境，再到社会文化语境、认知背景语境等，语境的范围渐渐扩大，层次逐渐提高。语境的分类要能体现这种层次性。诚然，这种层次性也不宜用固定的眼光来看待，因为语境的层次是相对的，而且是交叉的、变动着的。

（3）简明性原则

分类还要尽量做到简明扼要，既要周全，又要简明，这是一对矛盾，然而，"科学性往往寓含于简洁性之中"。分类的烦琐并不同科学性有必然联系，对具体的操作还会带来许多困难。这是应当避免的。

根据这几条原则，我们将语境做如下分类。

首先，立足于语境同语言的关系，可以分出"言内语境""言伴语境"和"言外语境"三种，这是第一层面的划分。言内语境又分为"句际语境"和"语篇语境"两种；言伴语境又分为"现场语境"和"伴随语境"两种；言外语境又分为"社会文化语境"和"认知背景语境"两种。这是第二层面的划分。还可以进行更下位的划分。如句际语境又可分为"前句、后句"或"上文、下文"等因素；语篇语境又可分为"段落、语篇"等因素；现场语境又可分为"时间、地点、场合、境况、话题、事件、目的、对象"等因素；伴随语境又可分为"情绪、体态、关系、媒介、语体、风格以及各种临时语境"等因素；社会文化语境又可分为"社会心理、时代环境、思维方式、民族习俗、文化传统"等因素；认知背景语境又可分为"整个现实世界的百科知识、非现实的虚拟世界的知识"等因素。这是第三层面的划分。

这样，我们就把在语言交际中可能产生影响的语境因素编织成一个涵盖面广、结构有序、条理清晰、层次分明的系统网络。而且，从理论上说，这个系统还是呈开放性的。如前述语用主体的心情，可能作为临时性的语境因素起作用，在这个系统中，可纳入伴随语境中的"情绪"因素加以分析；话语的某种变量，如语码转换，是同交际目的相关的，并以语体、风格的形态表现出来，在这个系统中，也属于伴随语境的范畴。其他临时性的语境因素，也都应该能在这个分类系统中找到相应的归宿。例如网上聊天这种方式日益成为青少年交流的手段。这种新的媒介影响着语言交际。因为网络的蔽障可以让人们想到啥就说啥，喜欢怎么说就怎么说，既可不讲作文的间架结构，也可不管语言的规范标准。这种与传统语用不同的媒介体，可以视为新的语境因素，同样可以纳入上述分类系统之中——它属于伴随语境中的因素。

　　我们的这个语境分类系统，不仅考虑了语境因素的周遍性，层次性也是非常强的。从最底层的"句际语境"到最上层的"认知背景语境"两极之间，是语境研究的广阔的空间地带。它们反映了语境的整体性疆域，也顺应了国际语言学界对语境研究的新趋势："语境既是客观的场景，又是交际主体相互主观构建的背景。"从范畴上看，"言内语境"是语境与话语实体交叉的产物，在它之下，应该是话语实体本身；"认知背景语境"是语境与语用主体交叉的产物，在它之上，应该是语用主体本身，它们是语用学研究中三大要素的另外两大要素，都逸出了语境研究的范畴。而在语境研究的广阔空间里，不同类型的语境呈现出鲜明的层次性。从言内语境经过言伴语境到言外语境，语境活动的形态由稳定性逐渐向动态性过渡，语境影响的方式慢慢由外显性向内隐性转移，语境呈现的性质由共同性渐次向差异性发展，语境显示的功能也由制约性向生成性递增。从表 2-1 可以更清楚地看出这个语境分类系统的层次性。

表 2-1　语境分类系统的层次分布

第一层次	第二层次	第三层次	活动形态	影响方式	呈现性质	显示功能
言外语境	认知背景语境	非现实的虚拟世界的知识　整个世界的百科性知识	动态性	内隐性	差异性	生成性
	社会文化语境	文化传统　思维方式　民族习俗　时代环境　社会心理				
言伴语境	伴随语境	语体、风格、情绪、体态、关系、媒介以及其他各种临时因素				
	现场语境	时间、地点、场合、境况、话题、事件、目的、对象				
言内语境	语篇语境	语篇　段落	稳定性	外显性	共同性	制约性
	句际语境	前后句　上下文				

还可以再做一些说明。言内语境中不论是句际语境还是语篇语境，都具有相当的稳定性和共同性，它们对语言交际的影响呈现出较为明显的制约，而这种制约人们通常都共同遵守，因为它们的规则性较强。同时，它们对语用的影响和制约又是很容易把握的，因为它们显露在外。言外语境的各种因素，则与言内语境的因素明显不同：它们的活动形态呈现出明显的动态性特征，对语用的影响方式也不外露，属于内隐式的，有时让人很难把握。由于这两方面的特征，差异性在它们上面表现得很突出。尤其是认知背景语境，实际上还可以分为"说写者持有的认知背景、听读者持有的认知背景、双方共同持有的认知背景"等几种状态。双方有共同的认知背景可以使交际成功，但很多时候经常出现差异的情况，这便是不同主体间的语境构建和生成的结果。

在言内语境和言外语境这两极之间，言伴语境作为过渡地带，既表现出稳定性、外显性、共同性和制约性，又反映了动态性、内隐性、差异性和生成性的特征。相对而言，它内部的现场语境具有更多的稳定性、外显性、共同性和制约性，而伴随语境则带上较多的动态性、内隐性、差异性和生成性。

需要说明的是，伴随语境虽属于过渡性的层面，却很重要。如上所述，在具体的语言交际中，主体的一些特征、话语的某些变量和一些不定因素，都有可能成为临时性的语境因素，而对它们的归类，基本上都可以放在"伴随语境"之中。当然，要正确认识言伴语境的过渡性，这种过渡，反映在语境因素的性质、形态和方式等方面的特征，并非截然分开、泾渭分明的，而是渐变的，有时还存在交叉。若再将视野扩大一些，实际上从言内语境到言外语境这一广阔的地带都应该是如此逐渐演变的。

对语境的这种分类，还体现了其系统内的结构有序性，具有简洁明了的特点。在这个分类系统中，第一层面为三种语境，第二层面为六种语境，第三层面则尽量涵盖所有的语境构成因素（至少在理论上如此）。它是简明的，同时也是比较科学和有序的。一方面它较为周延，形成独立性较强的系统；另一方面，它又呈开放性，为继续深入研究预留了空间；而且，还便于在具体的分析研究中操作运用。

二、语境在对外汉语词汇教学中的作用

1. 理解词语含义

词义是词的意义，包括词汇意义和语法意义。这里主要讲的是词的词汇意义。词汇意义可分为概念义和色彩义。概念义是核心意义，色彩义是附着在概念义上面的意义。概念义的义项又可以分为基本义和转义。

① 我买了一盆花。（名词，可供观赏的种子植物的有性繁殖器官，有各种形状和颜色）

② 这块儿布的颜色太花了点，我不喜欢。（形容词，颜色错杂的）

③ 我花了三元钱。（动词，用掉）

④ 小李广花荣。（姓）

⑤ 老奶奶年纪大了，眼睛花了。（动词，模糊不清）

以上例句是专门为讲解"花"字设置的语境。体现了"花"的概念义的有①③④⑤，其中体现基本义的是①③④，体现转义的是⑤；体现色彩义的有②，包含了贬义色彩。若是教师只是简单地介绍"花"的各个词义，学生既不能理解，也无法运用；如果教师精心为"花"的各个词义设计特定的语境，那么词义就一目了然了。

2. 体现词语语用功能

（1）体现词语的交际功能

每个班级都有来自不同国家的留学生，文化背景的不同会影响到交际中词汇的使用。比如，西方人在受到别人夸奖时，会欣然地接受，并说"谢谢"；而中国人受传统儒家文化的影响，会马上客套回应，以表示礼貌和谦逊，会说"哪里，哪里，没这么好"。教师在讲解这类具有文化功能的词时，就更应该把他们放在具体的语境中，充分体现词语在交际中的不同，比如，"哪里，哪里"在回答别人的赞赏时，并不是表示疑问，而是一种谦虚的表现。同类的词还有"还差得远呢""过奖了"，这样的词语就要求教师通过语境介绍给学生，以免产生歧义。

（2）体现词语的搭配功能

比如，学生看到"闭"的英文解释是"close"，就会马上说出"闭窗（close the window）""闭书（close the book）"，但明显这是错误的搭配，因为"闭"可以说"闭眼睛""闭嘴"等。教师可以使用身体语言解释这类词的搭配。

（3）体现词语的感情色彩

词语的语用色彩往往体现在一定的语言环境中。根据词语的感情色彩义可以把词语分为褒义词、贬义词和中性词。这里说的色彩义不同于上文提到的词语含义范围内的色彩义，而是有些中性词在一定的语境里会产生褒义或贬义的感情色彩。比如，"有水平、够朋友"，在特定的语境里，可以有令人满意或合乎标准的意思，含褒义色彩，但"水平""朋友"本身是中性词。又如，"这个苹果有点太甜了""他年轻了点"里的"甜""年轻"都有不合要求的意思，有贬义色彩，但它们本身不是贬义词，而是因为在特定的语境里和其他词搭配产生的感情色彩。通常遇到这类词，教师就要创设语境来讲解，以免出现误解。

三、语境在对外汉语词汇教学中的应用原则及方法

1. 应用原则

（1）真实性

所谓真实性，即要求教师在为讲解某一生词设置某一具体语境时要运用真实的语言信息和贴近学生生活的语言要素。举个例子来说，讲解方向、方位词时，利用教室、门、窗户、走廊等可以很好地解释"进来进去、出来出去、过来过去"等趋向补语的词；利用课桌、讲台、学生的位置可以解释"上下、左右、前后、里外"等方位词。教师既可以自己来演示这些动作，也可以让学生自己来做，这样既可以活跃课堂气氛，燃起学生的学习兴趣，又可以让学生记忆深刻。

（2）典型性

所谓典型性，即要求教师创设的语境一定要能体现该词的具体语义和用法，不能让学生产生误解，并有效地帮助学生认知语境的建立。例如，讲解近义词"不"和"没"的区别，教师给出了以下例句："昨天是他自己不去，不是我不让他去的。""他不吸烟也不喝酒。""我不知道。""我昨天太忙，就没去他那儿。""这些苹果还没熟。"以上五个例句是这位教师为解释"不"和"没"设置的具体语境，可以看出这五个语境都具有典型性，因为每个例句的意思都是唯一的，不可替换的。从例句中我们归纳出"不"和"没"的区别：虽然两者都是否定副词，但是在表达个人意愿、表达估计和认知时要用"不"，不能用"没"；在表达客观叙述某行为没有发生、否定性质状态发生变化时要用"没"，而不能用"不"。

（3）适度性

所谓适度性，即要求教师要以学生为中心设置语境，一切以贴近学生为主，避免学生产生不适应性和反感。克拉申指出，人类获得语言最重要的方式是对信息的理解，通过吸收可理解的输入信息来获取语言知识。这里的适度性，包括以下两方面。

① 词语要符合学生实际水平。

这要求教师要针对学生的学习水平设置语境，如注意区分初级阶段学生的认知词汇与中高级学生的认知词汇的不同。在讲解生词时避免用生僻、偏难的词语设置语境，否则会增加学生的认知困难。

② 注意文化差异。

由于以班级为单位的留学生大多数来自不同的国家，成长背景、教育水平都不同。这就要求教师在设置语境时要充分照顾到学生文化背景的差异，用共同的文化成分来设置语境，如果没有则尽量避免。

（4）即时性

所谓即时性，上文也有提到，即要求教师要善于捕捉和利用现场语境，给学生身临其境的感觉。举个例子来说，教师在讲解"把"字句时，看见一位学生把书包从桌子下面拿了上来，就即兴发挥，说："他把书包拿了上来。"又看见这位同学从书包里拿出了书并放在了课桌上，就又说："他把书放在了桌子上。"这种即时语境，就是用切实可感的语言环境，让学生感到亲切，舒缓学习的紧张情绪，加深学习印象，减慢遗忘速度。教师也可以围绕生词设置一些课堂小游戏：两人一组，一位同学做动作，一位同学运用生词描述。

（5）整体性

所谓整体性，即要求教师设置的语境必须是一个能表达完整意义的句子，否则就会让学生产生不解和歧义，也就是汉语中常说的"话不说一半"。比如，大多数人都知道"酒肉穿肠过，佛祖心中留"，这句话也成了人们贪嘴吃肉，为饱口福的借口。殊不知，这句话还有下一句："世人若学我，如同进魔道。"应用在对外汉语词汇教学中的语境也是如此，教师如果提供一半的语境，学生既无法理解该词语所表达的具体含义，也无法知晓到底该如何运用词语。比如"死"这个词的含义在不同的语境中就有不同的显现。"干了一天活，累死我了。""天气太冷，小狗被冻死了。"通过这两个完整的句子，我们可以知道第一句中的"死"是程度补语，即"我"还没死，就是太累了；第二句中的"死"是结果补语，即"小狗"已经死了，是冻死的。如果教师只提供"累死我了"。那么学生就会疑惑"我"是真的死了还是怎么样，所以提供完整的语境是至关重要的。

2．应用方法

（1）功能释义法

功能释义法是从语言功能的角度划分出来的。汉语中的一些词语的意义无法从字面上完全理解，甚至词典中也不涉及，它的意义需要配合话语的上下文语境才能体现出来。留学生经常会出现这样的现象，"每一个字都认识，却不明白是什么意义"。例如，"那个女孩儿长得不怎么样。""谢天谢地你没有发生什么意外！""你看你，都这么大的人了，连衣服都不会洗。"上面三个例句中的画线词语都是非常简单的，每一个字学生都认得，可是画线词的意义学生便不清楚了。在查字典之后，发现"不怎么样""谢天谢地"还可以查到，但是"你看你"却查不到意义。这些无法从字面上理解意义的词，就必须使用功能释义法，对它们在言语中的作用或表示的意思进行解释。"不怎么样"表示"否定"的功能，"谢天谢地"表示"感谢、庆幸"的意思，"你看你"表示"埋怨"的意思。因此教师应该将功能释义法应用到对外汉语词汇教学中，尤其针对一些口语色彩较浓烈的词语，这样学生也会易于接受。

（2）例句释义法

例句释义法是从语际的角度划分出来的。这种方法是对外汉语词汇教学中最普遍的使用方法，即教师先出示例句，让学习者通过例句领悟词语的意义，然后让学习者做替换练习或模仿造句。例句释义法的作用主要体现在词语的辨析上：区别多义词和近义词。

区别多义词。例句，"把衣服的扣子扣上。"（意义：套住）"把碗扣在桌子上。"（意义：器物口朝下放置或覆盖别的东西）"不要乱扣帽子。"（意义：比喻安上不好的罪名）"他被警察扣了七天。"（意义：扣留、扣押）"他的寝室太脏，被扣分了。"（意义：从原数额中减去一部分）以上是"扣"字的多个基本意义中的五个意义的例句。多义词是用相同的形式表示多个意义，如果搭配的不同，在语境中词义就会不同。

区别近义词。例如，区分"千万"和"万万"。例句，"你千万不要那样做！"（可用在否定句中）"千万要小心！"（可用在肯定句中）"我万万没想到他会做饭。"（可用在否定句中）从上面的例句可以看出，"千万"比"万万"应用的范围广一些。依据汉语的语言经济原则，在汉语词汇中存在着大量的多义词和近义词，这些多义词和近义词在对外汉语词汇教学中占很大一部分。因此，将例句释义法应用到多义词和近义词教学中，既有利于学生理解近义词和多义词，又可以为教师教学减轻负担。

（3）情景释义法

情景释义法是从非语言的角度划分出来的。这种方法是通过教师在课堂上为学生设置的具体语境来解释词语的。这里需要强调的是，教师要善于捕捉和利用即时语境或现场语境。例如，教师讲解"一……就"时，正好一名学生开门走进来，一阵风刮了进来，便借机发挥："他一开门，风就吹进来了。"现场语境是学习者切实可感的语言环境，是学习者的亲身经历，因此学生会印象深刻，不易遗忘。教师将情景释义法应用到对外汉语词汇教学中，即可以活跃课堂氛围，又可以提高词语的复现率，有利于学生理解和记忆。

在教学中，一贯强调的是，"汉字要放在词语里学习，词语要放到句子里学习，句子要放在语篇里学习，形式要跟意义、用法结合起来学习"。词汇教学，并不是简单地教授语言中的静态词汇，而是教授言语中的动态词汇，也就是教会学生如何使用这个词来表达自己的意愿。因此，将语境运用到对外汉语词汇教学中，不仅能让学生掌握词语的语义，还能让学生掌握词语的语用含义，从而达到提高他们汉语水平的目的。

四、语境教学法在对外汉语近义词教学中的运用案例

1. 语境教学法在对外汉语近义词中的作用

（1）帮助汉语学习者有效区别近义词

语境在言语交际中有制约功能和解释功能。它的制约作用体现于人们的日常交际中，我们需要用语言来表达思想、交流情感，但这些言语都只有在具体的语言环境中才会产生具体的含义。它的解释作用影响着交际效果，由此可见言语片段对语境的依赖性极高，正因为如此近义词的辨析也不可能脱离语境而单独存在。例如在"我不信任自己的方位感"这句话中，留学生混淆了"信任"和"相信"，以至于出现了错误。"相信"和"信任"二者之间都有不怀疑的意思，但是细细品味，二者之间在语义轻重和适用对象上又有所不同。"相信"是指认为正确而不怀疑；"信任"是不但不怀疑而敢于任用、托付。"相信"一词语意较轻，"信任"一词语意较重。在适用对象方面，"相信"后面既可以搭配人又可以搭配事情、物，而"信任"后面大多数情况下搭配人。所以这句话由于下文"方向感"的限制，这里应该用"相信"。

（2）帮助汉语学习者提高汉语交际能力

有人提出了"语域"这一概念。语域其实就是从交际双方的关系中抽象出来的性别、年龄、话题等语域。第二语言学习者的最终目的是掌握运用语言进行交际的能力。对于什么才是成功的交际，人们总是从这两个方面来判别：一是发话人成功地把自己所要表达的意思传递给了听话者；二是由于听话者成功地理解了说话人的意思，并做出反馈，换句话说，成功的交际以表达和理解作为关键。在语境的设计中充分考虑近义词的语义、句法、语用特点，加深对词义的理解，把握词语出现的上下文语境及文化语境，这对提高学生的语言交际能力有很大的帮助。

（3）消除文化障碍

利奇（Leech，1983）曾说：语用的原则是世界上所有国家的人们共同遵守的一些基本原则，但是它却因为文化的不同而出现不同。汉语是一种语境文化，比如"你吃了吗"这句话，在不同的语境下就有不同的意思，一种是表示打招呼，如果问"你吃了吗"这句话的人手里拿着食物的时候，他所表达的意思就是"你要不要吃点"。对外汉语所教学的对象来自亚欧五大洲不同的国家，有着截然不同的历史文化背景、宗教信仰和风俗习惯，所以文化差异给汉语学习者学习汉语带来了很大的负迁移，因此教师不仅要帮助汉语学习者掌握汉语的基础知识和基本技能，还需要帮助他们学习和了解中国文化，克服文化不同造成的困难，以便他们更好地区分近义词。

2. 语境教学法在对外汉语近义词教学中的运用原则

（1）典型性与针对性

语境不仅可以帮助学生理解和记忆词语，同时又可以提高学生在实际生活中运用词语进行交际的能力。如针对"终于"这个词，教师可以以班级的一个学生为例设置这样的语境："他每天上课认真听讲，晚上回家学习到半夜，非常非常得努力，最后取得了好成绩"，这句话就可以说成"他学习非常努力，期末考试终于取得了好成绩"。

这个语境的设置首先针对了"终于"经过努力后实现了某种结果，并且结果是希望得到的这层意思。同时，这个语境的设置是与学生的生活密切相关的，考试是每个学生都经历过的、熟悉的事件。这不仅可以帮助学生理解这个词的意义，还能从侧面暗示大家要努力学习。

（2）真实性和趣味性相结合的原则

对外汉语教学中，语境的设置不仅仅要反映教学内容的真实性，同样应体现教学内容的趣味性。因此，语境的设计要与留学生的生活密切相关，尽量简单真实，这样才能带给学生真实感，让学生迅速地理解所学的内容。并且近义词的辨析原本就很枯燥乏味，容易让学生感到疲倦和厌烦，对此教师可以设置一些游戏。自从对外汉语教学引入游戏以来，这种方法便受到了教师和学生的青睐。近义词的学习是枯燥的，通过游戏的方式将语境引入近义词学习中，可以调动汉语学习者学习的积极性，达到更好的教学效果。例如，在学习"表达—表示"这一组近义词时，教师可以设置以下游戏：根据人数将学生分为两组，一组为"表达"组，另一组为"表示"组。通过这种游戏的方式，可以发挥汉语学习者学习的主动性，激发汉语学习者学习汉语的兴趣和积极性，在他们比赛的过程中，他们会积极思考词语的用法，加深他们对词语的理解与记忆。教师也能从中发现学生经常产生偏误的地方，可以针对这些偏误进行讲解。

（3）以学生为主体的原则

在对外汉语教学中，教师需要转变教学观念，充分发挥学生学习的主动性、创造性。对外汉语教学不是简单的让学生掌握汉语基础知识，而是一种语言教学，是一种教授学生怎样运用汉语这种语言进行交际的工具。熟练地掌握一门语言的最好方法是在实践中反复练习，让他们意识到通过自己的努力，他们可以学好汉语，有一定的自信心战胜学习中的困难，鼓励学生敢于表达，对于表达出现的错误采取宽容的态度，帮助学生纠正，这样可以帮助学生建立深刻的认知结构。在对外汉语教学过程中，由于汉语学习者来自许多不同的国家，对于教学内容他们会有选择性地接受，使他们感兴趣的他们乐于接受，对于不感兴趣、比较困难的就拒绝接受。因此，汉语学习者能否自主、自觉地学习决定教师教学能否成功。教师应该帮助学生树立自信心，让汉语学习者积极主动地去学习，只有这样对外汉语教学目标才会得以实现。如果忽视学生的主体地位，学生就会丧失独立思考的能力，从而过于依赖教师，这样机械的读书方法对于学生交际能力的提高没有帮助。

（4）因材施教原则

对外汉语教学中，教师针对的是来自不同的国家、不同的文化背景、不同的地理环境、不同的年龄段的学生。所以课堂中的语境创设要尊重学生的个性差异，了解学生的文化背景，鼓励、选择或设计符合学生身心发展特点的语境，这样才能够让学生积极、主动地参与到语境的设计中去，充分挖掘学生的学习潜能，发挥学生的主体性。比如一个班的学生大多数是东南亚国家的学生，教师在设计"竟然"一词语境的时候说："现在都一月份了，她竟然还穿着裙子。"在这个语境中教师想突出"惊奇"的意思，但是对于东南亚国家的学生来说，东南亚位于热带，一月份的天气也很热，穿裙子是正常的情况，没有让人感觉惊奇。所以，这个语境就会使他们难以理解。我们可以把语境设计为："现在都七月份了，他竟然还穿着棉袄。"七月份在所有的国家都是比较热的，穿棉袄会让人觉得惊奇。

（5）科学性原则

语境的设计看似很随便，无规律可循。所以，有的教师在课堂上随意设计语境，想起什么，说什么。其实语境的设计是非常复杂的，在课前一定要做好充足的准备，语境的设计要突出重点，由浅入深，由简到难，循序渐进，层层深入。语境要能真实地反映语言的本质规律，同时要针对不同层次的学生设计出不同的语境。一般说来，针对初级的学生应当设计一些形象化、具体化、和生活紧密相关的语境；而针对中高级的学生，教师让学生自己进行语境设计，就可以相对地抽象一些、复杂一些。需要补充的是，只有真正地了解了学生，深入他们的生活中去，才可能设计出贴近学生生活的、满足学生交际需要的典型语境，这就要求教师走进学生生活，和学生建立起朋友式的师生关系。

（6）互动性原则

在教学实践中，教师对于"互动"这一概念的认知往往存在着偏差，他们认为"互动"就是在课堂上教师多提问和学生多回答，但是这种形式只是表面上的互动。其实真正的互动是教师在设置语境时从学生角度出发，尽量选取贴近学生生活、生动有趣的话题并与真实语境更接近的语境，以此激发学生对所创设语境的认同，让学生有话可说、有话想说。那些脱离学生实际生活和超过学生现有水平的教学语境都是不合适的。教师是学生学习的指导者与促进者，在教学过程中要引导学生积极主动探索，教师可以给出学生具体的时间、场合、词语、语法规则等语境因素，让学生充分发挥想象，结合自己的生活实际创设具体的语境。除此之外，教师不仅仅要在教学内容上注意与学生互动，在情感上也要加强与学生的沟通、交流，给学生创造一个轻松的学习氛围，不要像在传统的教学中那样严格。

3. 语境设计中应该注意的问题

在对外汉语教学中创设的所有语境，都由语言语境和非语言语境两种因素构成，并且通常是由上下文构成的语言语境表现出来的，也必定会受交际相关的各种非语言语境因素的影响，设计出来的语境的具体内容，也一定会牵涉到相关的社会文化背景等语境色彩，因此要想学生完成对词语的认知，就必须激发学生大脑中相应的认知语境。所以在语境设计中要注意以下几个问题。

（1）语境要充分展示近义词之间的语法区别

近义词的辨析应该从语义、语法、语用三方面入手。所以例句设计不仅仅紧紧围绕被释近义词的意义，还应该突出近义词之间的语法区别，如果讲解时所举的例句对其根本没体现，则例句是无效的。如某教材对"顿时"和"立刻"的解释是："顿时"只能用于叙述过去的动作，"立刻"没有此限；"顿时"只能用于祈使句，"立刻"可以用于祈使句，也可以用于陈述句。教材中举的例子：好消息传来，人们顿时/立刻欢呼起来。此例句没有为"顿时"提供典型的语境，无法体现"顿时"是表示过去的动作的这层含义。为什么这是一个过去的动作呢，不可以是正在发生的动作吗？例句应该说是一个无效的例句。这样的语境缺乏典型性，不能完成教学任务。

（2）语境要提供信息的充足性

汉语有经济简洁的特点，汉语之所以有这样的特点，是因为在言语中，交际双方为了省时省力，在交际时经常省略那些双方已经知道的情况。"预设"是需要交际双方在一定的语境中去推测的，比如教师说"下次不要再迟到了"，学生回答"知道了"，知道了什么在下文当中没有出现，这需要交际双方推测。比如，"他当翻译的愿望终于实现了。"例句中虽然没有出现"他一直想当翻译"这样的隐性预设，但是母语者的大脑中本身存储着与之有关的社会文化知识，所以母语者在理解句意过程中会自动激发大脑补充句中没有出现的信息，无须语言说明。但对于汉语学习者来说，这样的上下文信息省略以后，理解上也许会出现很大偏差，"他的愿望实现就好了，为什么用'终于'呢，这不是多此一举吗？"汉语母语者觉得这个句子很容易理解，因为我们在理解这几个句子时，自动加上一些预设，形成自足的认知语境，使句子的内容合理化，如"他一直想当翻译，现在愿望实现了"。对于句意不明确和缺少充足预设信息的句子，教师总是自动从心理上来补足，这不能看出汉语学习者是否真正掌握了所学词语的意义和用法。为了取得更好的教学效果，教师不要想当然地认为，对本族人来说是完全可以不出现的隐性预设对留学生也是同样没必要展示出来的，教师最好也要通过上下文使其变为显性的信息。

（3）语境的设计不能忽视语用价值

教师在教学时不但要让学生掌握词语的语义和用法，更要让学生在一定的情境中能够准确地使用它，因而例句的设置不能忽视其语用价值。面对一个生词，教师一般会从语义和语法入手去区别它们，而词的使用价值往往会被忽略掉。其实例句的设计不仅对汉语学习者基础知识的掌握有一定帮助，对他们交际能力的培养和提高也起到重要作用。这个例句在语法上是没有问题的，也能体现语义。但是外国留学生是很注重隐私的，他们一般不会直接问别人"你去哪儿？"多数情况下是问地方，或东西在哪儿。如"超市在哪儿？""卖手机的地方在哪儿？"有时候留学生所说的句子就表达的意思而言是正确的，但真正地用到交际当中确是不恰当的。例如，"我即将睡觉了。"留学生所表达的意思我们都懂，但是这样说却很不恰当，因为"即将"是一个很书面语的词，后面也要接比较书面语的词，像"就寝""就餐"等。

第三章 对外汉语词汇教学的原则

第一节 重视语素分析

一、语素教学的内容

1. 对外汉语教学界对语素的论述

对外汉语教学界，论述语素的文章可概括为如下三个方面。

（1）从理论上强调语素的重要性，主张利用语素进行词汇教学

胡炳忠（1986）提出词汇教学的主要内容之一是在语素和构词法理论指导下进行词汇教学。万汝（1990）分析了语素教学在词汇教学中的作用，认为应该从语素和构词方面为词汇教学开辟一条新路，使汉语教学更加符合成年人学外语的特点。吕文华（2000）提出了建立语素教学的构想，阐明了语素学习的目的、语素教学的目的、语素教学的对象、语素教学的方法等，并提出了语素教学的具体步骤和操作。

（2）从留学生的词语偏误出发，分析涉及语素的问题

邢红兵（2003）分析了"汉语中介语语料库系统"词表中的全部520条偏误合成词，将偏误合成词分为新造词、语素替代、语素错误、语素顺序错误及其他错误五大类。他发现，留学生具有较强的语素构词意识，能运用汉语的语素和构词规则直接造词。朱志平（2004）分析了双音词偏误的产生原因，结果发现，有47%的偏误是同语素近义双音词之间的误用，如"优秀"与"优良"间的误用，"发布"与"宣布"间的误用。

（3）在教学中实践"语素法"，或者利用语素设计词汇教学

肖贤彬（2002）以实践"语素法"教学的经验为基础，分析了"语素法"在对外汉语词汇教学中的优势，他认为这种"循汉语本来面目进行教学"的方法是可行的、有效的。李开（2002）将 HSK 甲级词中凡可作为语素构成复音节甲级词（词组）的单音节词称为甲种语素，除此以外的都称作乙种语素，以 A 式"甲种语素＋甲种语素"、B 式"甲种

语素＋乙种语素"、C式"乙种语素＋甲种语素"、D式"乙种语素＋乙种语素"来分析甲级复音词。李开认为,在教甲级词时,先教甲级单音节词,而甲级复音词可先教构成方式是A式的词,然后教B式、C式、D式词。HSK其余各级词汇的教学如法炮制。

以上论述显示,由提出重视语素在词汇教学中的作用,到利用语素设计并进行词汇教学,语素在词汇教学中的地位不断提高。这里不乏对外汉语教学界为提高词汇教学效果所做的努力和思考。但是,在留学生数量日益增多、母语背景更加复杂的新形势下,要真正利用好语素来提升词汇教学效果,仍有不少基础性的问题尚待深入研究。

2. 涉及语素构词的问题

语素构词时,有构词位置和构词能力两方面的问题。我们随机选取了供初级水平留学生使用的一年级教材《汉语教程》中的一些语素,考察了它们在教材中的构词位置及构词能力。

① 不同语素的构词能力是不同的,有的构词少,有的构词多。

② 语素构词时,有的定位(如"绍"),有的不定位(如"号""学")。不定位语素有的主要做前语素(如"电"),有的主要做后语素(如"心"),还有的做前、后语素时的构词数大致相当(如"人")。

③ 有的语素可单独成词(如"电""人");有的语素不能单独成词(如"故""发")。

可以认为,要深化词汇教学研究,则必须对语素的构词位置、构词能力、能否独立成词等情况有清晰的了解,为此还需要进行细致的统计分析。统计分析的结果可以从宏观上指导HSK词汇大纲的修订,从微观上为具体的词汇教学设计提供参考信息。从词汇习得的角度,如下问题尚待研究:语素的构词能力、构词位置对留学生的词汇习得有何影响?一个语素若既能独立地做单音节词,又可参与构造合成词,则习得该单音节词和习得该语素构成的合成词之间存在着怎样的影响?

3. 涉及语素意义的问题

(1) 语素义项的频率

多数语素的义项都在两项以上,有的多,有的少。例如,《现代汉语词典》中,"饭"有三个义项:第一,煮熟的谷类食品(如"稀饭");第二,特指大米饭(如"吃饭吃面都行");第三,每天定时吃的食物(如"早饭")。而"明"则有九个义项:第一,明亮(如"明月");第二,明白、清楚(如"说明");第三,公开、显露在外、不隐蔽(如"有话明说");第四,眼力好、眼光正确、对事物现象看得清(如"英明");第五,光明(如"弃暗投明");第六,视觉(如"双目失明");第七,懂得、了解(如"深明大义");第八,表明、显示(如"开宗明义");第九,副词,明明(如"明知故问")。

既然语素的义项不止一个,那么各义项之间必然存在着使用频率的差别。以"明"为例，当我们看到单独的一个"明"时，头脑里首先想到的那个意思可能正是它的使用频率比较高的那一项语素义。语素各义项使用频率的高低会影响留学生对词语理解。譬如，教学中我们发现，留学生很容易将"胜地"理解为"胜利的地方"。这种错误理解直接源于语素"胜"的高频义项。具体讲，语素"胜"的"胜利"义项使用频率高，而"优美的"义项使用频率低，留学生直接利用了高频语素义"胜利"来理解"胜地"中的"胜"，因此出错。"胜地"只是我们在教学中碰到的一个个例，如果外国留学生追问：类似"胜地"的词语还有哪些？若没有认真地研究，这一问题很难回答。统计语素义项频率的必要性由此可见一斑。

（2）语素义与语素做单音节词时的词义

有的语素既可参与构词，也可独立成词。语素参与构词时体现的是语素义，独立成词时体现的是词义。例如，"打"可以构成"打斗""打算""打扮""打发"等词，也可以有"打人""打篮球"等说法。前者体现的是"打"的语素义，后者则是"打"作为单音节词时的词义。

语素的语素义和该语素独立成词时的词义纠缠在一起，会使留学生对某些词语的理解产生偏误。譬如，"冷门"会被留学生理解为"很冷的门"或"没人住的房子"。这是因为"冷"常以单音节词的身份出现，其高频词义是"温度低"。留学生很容易将单音节词"冷"的词义等同于"冷门"中"冷"的语素义，因而出现"很冷的门""没人住的房子"之类的理解。不仅留学生在理解词语时容易出错，汉语母语者在使用词语时也会出现问题。符淮青（1985）先生曾举例，说话人本想表达"他的行为损害了别人"之意，却错误地说成了"他的行为真是祸了大家"，即说话人误将语素"祸"当成了单音节词来使用。出现这种错误的原因在于，"损害"与"祸"之间存在语义联系——前者是后者的语素意义项之一。类似以"祸"代"损害"的错误在留学生的词语使用中也比较常见。这就要求我们要将常用单音节语素的语素义和它独立成词时的词义分辨清楚，以便教学时可以简单明了地告诉学生。

（3）语义透明度

语素构成合成词，但是合成的词义并不必然等于语素义的加合。合成词的语义存在一个理据性的问题。曹炜（2001）区分了合成词词义的"显理据性"和"潜理据性"两种。"显理据性"表现为词义同构词语素义的联系很密切、直接，人们对词义的把握是完全建立在对语素义的理解、分析的基础上的；"潜理据性"表现为词义同语素义虽有联系，但这种联系隐晦、间接，不易察觉，若仅仅依照语素意义直接去推求、理解词义，往往会不得要领，不能科学、准确地把握词义。也就是说，从构词语素的语素义获知该词的词义有难易上的"度"的问题。能够准确地表达这个"度"的是心理学研究中的提出的"语义透明度"（semantic transparency）概念。所谓语义透明度，指的是复合词的语义可从其所组成的各个词素（语素）的语义推知的程度，其操作性定义为整词与其语素的语义相关程度。以"说明"和"英明"为例，前者语义透明度高，可简单表示为"说明＝说＋明白、清楚"；后者语义透明度低，无法通过一个简单式来描述。我们认为，为促进词汇教学效率，有必要专门针对外国留学生进行合成词的语义透明度鉴定，以明确哪些词语透明度低，容易造成理解中的偏误。而在词语教学中，针对语义透明度的不同，教学方法也应该有所区分。譬如，语素分解法便难以用在"个子""条件""打算"等语义透明度低的词语上。

（4）语义结构

陆俭明（1980）曾指出，在语法研究中，应该注意到这样一个事实，即句子成分之间总是同时存在着两种不同性质的关系——语法结构关系和语义结构关系。我们认为，在复合词的构词中，也存在着陆先生所说的"两种性质不同的关系"，不过常被人提起的是主谓、述宾、述补等语法结构关系，语义结构关系较少被注意到。

苏宝荣（2002）认为，同为述宾式，"结晶"的宾位表结果，"披肩"的宾位表处所，"就义"的宾位表目的，"扶手"的宾位表方式，彼此的语义结构并不相同。苏先生认为，以语素为基点，按照"语法—语义结构"分析、认识复杂的语义关系，可以达到以简驭繁的效果。俄罗斯语言学家 A. 谢米纳斯（1998）称，其多年的教学是把汉语构词法总结为 52 种主要的语义结构，按这些语义结构进行系统的教学，收效显著。国内对外汉语教学界，仅朱志平（2004）提出过，语义结构应当成为双音词教学与研究的核心与基础。我们非常支持这一看法。

二、语素教学的方法

1. 偏义词的教学

这部分词理据性不强，教师要明确告诉学生汉语中有这样一小部分词，在长期的发展过程中一个语素的原义已经失落，它只起到凑足音节的作用，而词义只是由另一个语素承担。对这部分词的教学不能不讲解、含糊而过，否则会影响学生对汉语词理据性的认识。如果学生的汉语接受水平允许的话，教师可以在不同阶段把该阶段需掌握的偏义词挑出来一次性对学生进行讲解，告诉学生除这些词以外，本阶段所学大部分词中的语素义基本上是可析的，让学生了解到汉语词汇中有少数"无理据"词语的存在。对有意义的偏旁和字形进行分析，有助于留学生对词义获得，也有助于留学生对汉字的掌握。

2. 合成词的教学

对每个合成词，教师应该对语素构词的教学准备充分并做好设计。比如在词汇的处理上，除了重点讲解一些语法词外，还应挑选一些常用且组成该词的某个具备较高能产性的语素做进一步词语扩展。比如，学到"共产党"时，对"党"做讲解以及词语扩展，与此相关的链条有：党章、党国、党刊、党内、党办、党人、党中央、党纪、党风等。这样做，对于已学过的词可起到复习的作用，对于新词则不要求识记，重要的是强化学生对"语素"的理解，培养他们的汉语语感。

3. 生词的教学

在生词展示方面，很多学者认为通行的生词展示方式在一定程度上造成了学生在理解和使用上的偏误。不同语言的词汇系统尽管有共同点，但差异也很明显。具体到一个词，即使能在学生母语中找到一个意义上有一定对应关系的词，但这两个词也不会对等。而学生则习惯于从母语词汇概念出发，以对等观念理解汉语的词。

鲁健骥先生曾写过一篇文章——《外国人学习汉语的词语偏误分析》，以"厚"为例子分析了这一问题，欧美学生以为"thick"的所有意义都与"厚"相对应，造出这样的例子："这个铅笔很厚；前边有片厚树林。"但"thick"的意义中只有一个与"厚"相对应，其他分别与"稠""浓""密""粗"相对应。这个例子深刻说明了目的语的词与母语的词在意义上总有交叉，所以在教学过程中不能简化或生硬地对应，教师应进行严密谨慎的研究后再进行讲解。

三、对外汉语词汇教学中"语素法"的几个问题

为了更有效率地进行词汇教学，有的对外汉语教学专家提出"语素教学法"，法国汉学家白乐桑则明确提出"循汉语本来面目进行教学"的"字本位教学法"。笔者认为，这两种教学法并无实质性的差异。这是因为，汉字实际上是一种语素文字，字与语素基本上是重叠的。抓住构词的最小单位——语素，并以此作为一个教学层级，就是抓住了汉语词汇及词汇教学的根本特点和要诀。

1. "语素法"的优势和不足

"语素法"实际上应称为"语素扩展法"。在词汇教学中，除了讲练目标词语的词义和用法外，还要将词语中的语素（字）加以离析，然后以一定的义项为单位与其他已学或未学的词素再行组合，从而巩固所学词语（包括目标词语和已学词语）和扩大新词的学习范围。例如学到"服装"一词，该词本身的意义并不难懂，用法也不复杂，但"服装"是一个可以离析成两个极富构词能力的语素的并列式复合词，教师应该向学生讲清楚，在"服装"一词中，服＝装，并且请学生说出"有'服'和'装'两个字的词"，学生可以说出西装（西服）、时装、羽绒服、衣服、服装店、服装厂、服装公司等词。这时，教师可试着让学生猜下列词语：童装、男装、女装、老年装、工装和洋装（洋服）、中山装（毛服）。

一般来说，由于学生明白了"服装"一词的语素构成及语素义，在猜测和学习新出现的词语时，成功率往往很高。如果学生的接受能力和课时允许的话，还可以由"服"字系

连到"衣服"一词，提出"衣服"的构造和语素义，从而带出外衣、内衣、上衣（上装）、下衣、睡衣等词。由于这些带"服""装""衣"语素的词成为一个小型语义场，学生容易识记。当然，那些一个字的单纯词也可以作为语素适当地加以系连，以扩大词汇学习范围，如"式"，可以系连出"中式、西式、洋式、老式（旧式）、法式面包、日式快餐、中式英语、港式中文"等词。这类单纯词不存在讲解构词法问题，利用起来更显得便利。但是，教师头脑中的"语素"概念必须是十分清楚的，而且要在课堂教学中加以体现。这种"语素法"词汇教学的优点表现在以下几个方面。

（1）有利于较快地培养学生对汉语的语感

印欧语系语言背景的学生往往有一种错觉：汉语的双音节、多音节词只是几个连缀在一起的音节，而不是可以分析的有意义的、有构词能力的语素。因此，在词汇学习中，采取以词为最小单位整体记忆的策略，便是唯一的方法，其流弊往往陷于死记硬背，影响学习效率，这样，发生学过"鸡蛋"却不知道"鸡"的尴尬事情，也就是在所难免的了。另外，汉字起着视觉上区别同音语素、提示同义词素的作用，西方学生缺乏这种语感，这也是导致一部分学生不太重视汉字学习的原因之一。在词汇教学中分析语素，讲清一些常用语素的意义和构词能力，对于提高留学生特别是西方学生学习汉字的兴趣也是大有裨益的。

（2）有利于调动学生主动学习的积极性

词汇教学容易琐碎、枯燥，教师讲，学生记，如此而已。"语素法"是在学习目标词语时，以语素为基础层层系连，从而扩展词汇学习范围，其中，对一部分"新词"带有猜测的性质，这必然会引起学生参加思考的兴趣，进而扩大了词汇量，词汇量的扩大反过来又推动了学生进一步学习的兴趣，形成良性循环。在教学环节中适时穿插一些猜词"小品"，对于安排和组织课堂教学不失为一种小窍门。还有一些词语使用频率很低（如"奶茶"），学生往往学习不积极，"语素法"可将它们"拆零"教学，以"奶"和"茶"为语素系连出一批相关的实用的词语。

（3）有利于语法学习和避免一部分语法偏误

词汇教学和语法教学是不能脱节的，特别是汉语的词语结构与句法结构具有极大的相似性，更不能将二者截然分开。在语素法词汇教学中，由于分析了语素和构词法，实际上就是在词汇教学阶段让学生感知了汉语的句型特点。如学习"提高"一词，教师应当告诉学生"提"是表示行为动作的动词，"高"是结果，"提高"可以扩展为"提得不高"，避免"我的汉语水平不提高"这样的错句。汉语中有一类由"名+量"构成的词，如布匹、花朵、车辆、船只、信件、人口、事件等，不能再受数量短语修饰，这些词形成一个小类，学生可以按类归纳记忆，还可以在量词语素的提示下记住该种事物所用的量词。一些常见的语法偏误也可借以纠正。如通过分析"帮助"和"帮忙"的构成不同，避免外国学生常说的"帮忙我"的错句。

（4）有利于加强学生对中国文化特别是心理特征的感知

人们大都承认，构词的理据性在很大程度上映现着一个民族文化的深层成分，如心理习惯、思维偏向、生活方式、价值观念等。语素的解说必然会把蕴含在词的构造当中的深层文化因素展现给学生，使之了解中国文化的一个方面。比如"开关"一词，汉语的取义是注重它的功能，"根本"之所以表示"重要"，是用"根""本"做比喻；"银行"的构词也跟中国曾经以"银"为钱这一史实有关；汉语的"银河"和英语的 milkway 构词理据的不同反映着不同的联想。由于"文化"这一概念涵盖的面十分广泛，学生的接受能力和兴趣又有极大的差异，文化本身的复杂性有可能增加解释的多样化和主观性。教师在解说构词理据中的文化内涵时，对程度深浅的把握应视情况而定，不可牵强附会和随意发挥。

（5）有利于学生巩固所学的词汇

初级阶段的学生由于受课型的限制（大多未开设"泛读课"），课外阅读也很有限，词汇的复现率较低，所学词汇不易巩固。"词素法"正好可弥补这一缺陷，将词语中的语素分析出来又重新组合新词，实际上也是"温故"和"知新"的过程，语素的复现率提高，在一定程度上也是在强化学生的记忆。

与其他教学法一样，"语素法"也并非可以包打天下，它也有难以克服的困难，这也是在运用"语素法"时应该有所意识的。"语素法"教学最大的困难在于处理语素义和词义的关系。语素义和词义常有不一致的地方，这表现为词义往往不是语素义的简单相加，如"老人回忆着几十年的酸甜苦辣，好半天没睡着"，其中"酸甜苦辣"并不是四种味道。这种因借代、比喻等修辞手法而造成的词义与语素义的不一致，往往不是靠猜测所能掌握的，需要做进一步地解说。语素义和词义的不一致还表现在同义语素常常因语用场合的差异而发生分化，这更可能使学生陷于混乱之中，如"学习"一词，学＝习，"复习、预习"之中的"习"就是"学习"的意思，但是"自学"与"自习"中的"学"和"习"却不同；心＝心脏，但是，心脏病≠心病；圈＝环，但是，花圈≠花环。这种例子比比皆是。如果不分析语素，学生采取以词为单位整体记忆的策略，一般不会就此提出疑问，这种语素义与词义不一致的矛盾也许可以"敷衍"过去，但是，如果在教学中经常分析语素，学生的语素意识提高之后，无疑是交给学生一件向教师发难的武器。我们认为，与其让学生有机会就此提问，倒不如在讲授相应的语素时，主动地展示这种同义词素在不同词语中的语用分化，一般来说，学生也会就此记住这组同义语素的词义差别。

2. "语素法"和现行教材的矛盾

"语素法"和现行教材存在一些矛盾。正如吕文华（1999）指出的"迄今为止对外汉语教材的语法体系仍只讲词、词组和句子"，也就是说，语素尚未作为一个层级的语法单位纳入对外汉语语法教学体系之中，至少中国大陆的各种教材是这样的。当然，有的教材中也有少量的语素理解方面的训练设计。

(1) 关于语法体系问题

无论是教学还是教材编写，语法体系都很重要。但我们也注意到，学术界研究讨论的语法体系如何体现在教材特别是对外汉语教材中，仍然是个需要不断探索的问题。1984年公布的《中学教学语法系统提要》所包含的语法单位为五级：语素、词、词组、句子和句群，这对以中国学生为对象的语文教学来说，也许是便利的和有效的，但对对外汉语教学的语法体系却不能照搬。以语素这一层级的教学为例，对初学汉语的外国人来说，"语素法"的目的是使学生建立"语素"的概念，因此要设计大量的替换、扩展练习，这对中国学生来说则是徒增负担的"蛇足"；对中国学生来说，讲解语素之间的关系（即构词法）并不算太困难的事，而对外国学生来说，构词法是最难理解、最难讲清楚的，或许也是最无用的。语素法教学中，应该多给学生感性的材料和例子，少讲或不讲语言知识。国内现行教材虽然并未体现"语素法"，甚至并未把语素作为一个语法单位纳入教学语法体系，但这并不能束缚我们在词汇教学中实施语素替换和扩展的训练，教师在课堂教学中机动灵活地设计教学内容的空间总是有的，关键在于教师的创造性。对于未来贯彻语素法理念的教材，我们觉得不必花篇幅过多地介绍语素知识。这并不是放弃语素法，语素扩展的训练应该放在词汇理解和练习中。

(2) 关于语素扩展的范围问题

王若江（2000）对白乐桑的"字本位教学法"中的"字的扩展"问题做了一个解释，是以单个汉字为基础"层层构词""通过字与字的组合，让学生在学会一个一个词语的同时，学会词语的组合原则和掌握语义的聚合群、在有限的汉字的基础上进行开放式扩展词汇的能力"。由于无缘得见白氏的字本位教学法教材，所以无从知道这种以单字为基础的"层层构词""开放式扩展词语"到底扩展到何种范围。那么，这种语素扩展的范围究竟如何确定为好呢？我们认为至少应有三个限制：一是受一定的语义场制约；二是受共同语素的制约；三是受学生已学的语素和接受能力的制约。这三个制约可以单独行使，也可以两三个同时行使。众所周知，语素"车"的扩展空间是相当大的，但是，在组织课堂教学时不宜扩展到"车床""风车"，这已经超出了"车"作为交通工具的语义场，尽管"床""风"这两个字学生早已学过；也不宜把"的士""雪橇"也扩展进来，因为这其中的语素"的士""橇"很可能是没有学过的，并且与以"车"为纽带构成的词语链没有共同语素。根据学生的接受能力和对语素（字）的掌握程度，下列词语可以在适当时机纳入"车"语素词语链：客车、货车、摩托车、售货车、送货车、邮政车、救火车、救护车、警车、手推车、人力车、三轮车、独轮车、私人汽车、公共汽车、出租汽车、校车、厂车、赛车、军车、玩具汽车、车灯、车轮、车头、车尾、车展、车迷、车手、车赛等。不同语素所构成的词语链的长度是不同的，短的可以一次展示，长的可以分批展示，这里我们强调的是滚雪球式的循序渐进，在教学组织中，教师主观能动性的发挥是至关重要的。

（3）关于处理超等级词语问题

所谓"超等级词语"是指那些进入目标词语的、超过学生当时所达到的词汇等级水平的词语，也包括所谓超纲词。对外汉语教学遵循循序渐进原则，严格控制超等级词。总体上说，这一教学思想是对的，但也应该看到，目前国内大部分教材在控制词汇等级方面失之于过严，初级阶段汉语教学更是如此。依据现有的各种对外汉语教学词汇大纲，基础阶段的词汇水平包括一级词汇（最常用词）1000 个左右，二级词汇（常用词）2000 个左右，这总共 3000 个左右的词汇可覆盖一般性语料的 86%，这个数字看上去已经不算低了。但是，我们也可以从另一角度提出问题：86% 的覆盖率是指自然语料的"别人的文章"，如果只用这 3000 个词来编写课文又会怎样呢？如果课堂教学中只将词汇控制在 3000 个之内又会怎样呢？很难想象编者能用 3000 个词编写出生动有趣、与成人智力和知识水平大体相应的课文。我们常常听到学生抱怨"课文没意思"。造成这种情形的因素固然是多方面的，但过分控制词汇量亦难辞其咎。另一方面，3000 个词、5000 个词和 8000 个词的界标也是与一个人的智力和知识水平的提高同步的，一位本族儿童的语言发育过程大体与之相应。但是，对外汉语教学面对的是智力成熟、有一定知识水平的成人，其语言学习过程与中国儿童的语言发育过程不会是完全一致的，他们的语言习得诉求和表达焦虑并不与按部就班的词汇等级同步。

具体地说，在初级阶段的教学中，仅有 3000 个最常用词是不够的，在实际教学中，通常都会超出这个等级。事实上，各个等级水平的学生的实际词汇量都或多或少地超出本等级的范围。即使是初级班的学生，也必须先行学习一些基本的生活、学习用语，而这部分词汇通常是超出初级甚至超纲的。这些超出本等级的词汇有相当一部分是学生通过课堂教学以外的途径学到的，当然难免学到一些不规范甚至错误的语言。作为汉语教师，与其让学生通过课外的"野路子"学习，还不如将其纳入课堂上有控制有指导地学习。"语素法"教学中，用已经学习的语素为基础进行构词扩展必然会超出等级范围，例如，学过"山"和"火"，就可以让学生猜一猜"山火""火山"的意思，而"山火""火山"肯定不在初级词汇之列。

王若江的研究也证明了"根据常用字扩展的词与根据常用性选择的词是不一致的"。这是否就不是"循序渐进"呢？不是，因为"山"和"火"两个语素是已经掌握的，教学中教师只是把它们再利用而已，一般不会超越学生的接受能力和加重学生记忆负担，相反，由于这种词语链义类相关，学生更容易成类记忆，提高学习效率。一个成人要在四五年内掌握一种陌生的语言，较之本族儿童十几年的母语学习过程，本身就是超常的，而汉语作为一种语素语言，汉字作为一种语素文字又为这种异乎其他许多语言、跨等级的学习过程提供了现实的可能性。

为了比较和说明，对《汉语水平词汇与汉字等级大纲》和清华大学汉语语料数据库各级汉字、词汇量及字词比做一个统计，大纲的词汇量包含单字词，清华大学数据库中的词汇量则包含二字词、三字词和四字词。汉语语素的构词能力虽然不完全等同于字词比，但二者基本是相一致的。由二者的对比可知，语素（字）的基数越大，每个语素（字）的构词能力就越强。对外汉语教学的字词比当然难以达到针对母语读者的清华数据库的高比例，但白乐桑的教材《汉语语言文字启蒙》的情况却有较强的可比性。据王若江的统计，白氏教材的汉字为 400 个时，可扩展构词 1586 个，字词比为 1:3.97。尽管我们不知道其中是否包含单字词和大于词的短语，但这个字词比例应该说是适中的。若依此比例测算，初级水平的汉字量可以构成 6300 多个词。由此，我们可以说，现行等级标准的汉字仍然有极大的构词空间，这意味着利用语素法教学进行构词扩展的潜力还远未发挥出来。

3. 语素教学法与猜词的关系

许多论著论及阅读教学中的"猜词能力"问题，然而猜词训练中许多具体问题似乎鲜见深入细致地分析，某些流行的说法似乎还有待推敲和验证。比如，从"疡"字的结构猜出"胃溃疡"是一种病，就算猜词成功。这种说法是有问题的，这是把汉字的偏旁义等同于词义，不能认为是成功的猜词。道理很简单，如果知道了偏旁所代表的事物类别义就算掌握了这个词的词义，那么，词汇教学就只要讲清几百个偏旁就大功告成了。

事实显然不是这样。再如，有一段话"喝茶可以头脑清醒，帮助消化。此外，喝绿茶可以降低胆固醇，喝红茶可以暖胃"。有的著作认为可以通过猜词"推测'暖胃'的含义"。在课堂上，笔者曾经多次让学生在无上下文的情况下猜"合唱、独唱、单人舞、双人舞、群舞、民歌、齿轮、年轮、发电机、活页纸、复写纸、救生衣、草裙、温室、口香糖、合页、起重机、咬耳朵"等冷僻的词义，只有"合页、齿轮、咬耳朵"三个词从未有学生猜对，而其他词都或多或少有人能猜出。原因就是这三个词的词义都不是语素义的简单相加，"暖胃"也是如此。再退一步说，即使学生能从这段话里归纳出"喝茶可以使身体健康"的段落大意，也并不意味着学生对这段话里的每个词都理解了。因为，阅读理解能力并不能代替词汇的学习和积累，大量的阅读训练可以提高词汇的复现率，从而巩固所学的词语，但对增加学生的词汇总量其实并无太大帮助。当然，这里并不是反对"猜词"。

刘颂浩（2001）认为"问题的关键并不在于要不要进行猜词训练，而在于如何进行"。汉语是一种语素语言，汉语词汇的构造有很强的理据性，其语素义与词义大多有千丝万缕的内在联系，如果能挖掘出语素义、语素构造与词义的种种关联性，有意识地培养学生通过离析语素，凭借对语素义的理性把握并结合语境来猜测词义的能力，学生猜词的成功率会得到提高，否则，认为在练习或试题中加进一些阅读理解题，就是在进行猜词训练，这不仅是本末倒置，而且会把学生引向"瞎猜"的歧途。语素法教学为猜词提供了现实的可能性。事实说明，学生离析语素的能力越强，掌握的语素越丰富，对汉语的感悟能力也越强，猜词的成功率也就越高。

同时，这样"学"到的词是该词的准确、概括的义项，而不是它的随文释义的临时说解。就此而言，语素教学中"学"到的词与大部分阅读训练中"猜"到的词其学习深度也是不可同日而语的。

四、语素分析在对外汉语词汇教学中的应用

词汇是语言的建筑材料，是表达内容的基本构造单位。没有词汇就无法传递语言信息，也就无从交际；要想简洁、流利地传达信息，词汇应用的准确度甚至比语法的正确性更加重要。因此，词汇教学是语言教学的重要组成部分，起着核心作用。在对外汉语教学中，词汇教学更是培养留学生第二语言能力的基础环节，词汇教学的效果直接影响着第二语言学习者汉语的整体水平。语素是最小的语音、语义结合体，具有很强的组词功能。汉语语素特质非常明显，科学地运用语素分析法进行对外汉语词汇教学，可以帮助学生加深对汉语词汇的理解和记忆，有效地扩大词汇量。对外汉语词汇教学的主要任务是根据教学大纲的要求，在有关汉语词汇知识的指导下，让学生掌握一定数量汉语词汇的音、义、形和基本用法，培养学生在语言交际中对词汇的正确理解和表达能力。汉语中词汇数量庞大、系统复杂，最小的语言单位是语素而不是词，留学生对汉语缺乏语感、记忆起来较困难等，都是提高对外汉语词汇教学效率的阻碍。

1. 替换法＋翻译，培养留学生的语素意识

许多留学生在汉语词汇学习中只关注词汇的整体意思，不知道词中语素有自己独立的意义，更不知道能从语素的结合中推导出新词汇的意义。可见，培养留学生的语素意识，训练他们在汉语词汇学习中主动运用语素分析法，是十分必要的。

如何让留学生意识到语素的作用，从而能做到据此分析词义呢？以"商店"为例，我们可以用以下方法。

商店（shāng diàn）

shop/store

商业（shāng yè）书店（shū diàn）

commerce　bookstore

商人（shāng rén）旅店（lǚ diàn）

merchan　t/businessman hotel/inn

商品（shāng pǐn）鞋店（xié diàn）

commodity　/merchandise shoemaker

商场（shāng chǎng）药店（yào diàn）

market/shopping mall　drugstore

首先解释清楚每组词的整体意思，再把它们分解成语素并与可以搭配的常用语素组合成新的常用词，借助外语进行翻译，让留学生体会到词中每个语素的意思和作用。通过这

种引导，可以使学生逐步认识到语素的存在及其作用，启发他们自觉地运用语素分析的方法理解词义，加深记忆，同时可以举一反三，拓展新的词汇。需要指出的是，这样做的目的不是用翻译的方法解释词义，而在于让学生感知到语素的存在，增强语素意识，在词汇学习中自觉地运用语素分析法，提高学习效率。

2. 结合实际，科学运用语素分析法

（1）引导学生充分利用汉语词汇的同素关系

由于语素具有很强的组词功能，在汉语词汇中有大量的同素词，这些同素词由一个共同语素结合其他不同语素构成。同素词的共有语素，往往就是能够独立成词的单音节语素，其词义和语素义密切相关。例如，"本"的意思指"根本、根源"。由"本"组成的词，如"基本""原本""本钱""本土""本色""本质"等，往往都含有"本"这个语素所代表的意思。这就是说，了解了"本"这个语素的意义，对识记上述一系列词汇大有帮助。再如，"网"的本义是用绳线等结成的捕鱼、捉鸟的器具，后常用于比喻或指代像网一样的事物，其构词能力更强，以"网"为同素词的有"网络""网站""网点""网民""网友""网吧""法网""电网"等。近年来，清华大学利用大型数据库，对覆盖6763个汉字的汉语语素及其所构成的二字词、三字词和四字词进行了穷举性描述，得出的结论是"语素在构词时意义绝大多数保持不变，少数变化情况也是有规律可循的"。这一结论说明，在对外汉语教学中，语素分析法不仅是可行的，而且可以取得好的效果。

（2）注意语素分析与理据解释相结合

词义的理据就是词的语素义和词所表示的事物现象之间的关系。在进行语素分析的同时，向留学生解释词义的理据，可以使他们在理解的基础上轻松记忆生词词汇。

合成词一般可以说明词义的理据。因为合成词是由语素作为构词成分构成的，语素的意义同词义有着种种联系，所以合成词的词义大多是有来由、有理据的。需要指出的是，理据解释以语素分析为基础，也就是说，理据解释比语素分析更加深入和复杂。

① 语素分析一般只触及语素现时的字面意思，但是理据解释却要涉及词义的可循的变化。如"要领"一词，"要"原是"腰"，"领"指"项"，都是人体的要害部位，引申义则指事物的重点、要点。

② 语素分析无法显示词义中包含的丰富的历史知识、社会内容、民族心理和文化特点，但是理据解释可以弥补这个不足。例如"知音"一词，表示知己朋友。"知"是"了解、理解"的意思，"音"指音乐。但是仅仅做了语素分析并不能满足学习者的要求，他们会感到奇怪，朋友之间的相互理解，为什么要用"音"来概括呢？这时教师就把"高山流水"的动人故事告诉学生：钟子期是最了解伯牙琴声所传达的感情和志向的人。那么，学生对"知音"这个词的了解就不仅仅停留于似懂非懂的"死记硬背"水平了，而是可以快速地纳入长效记忆之中，很难遗忘。

对于单纯词，在语素分析时，可以直接向学生解释理据的有三种。一是拟声词，如"砰"（撞击声）"嗖""呼啦"（东西快速掠过的声音）等。二是取声命词，如"乒乓"是打击这种小球时发出的声音，于是就用这种声音来为这种小球命名。此外还有"布谷"等。三是音译外来词，如"咖啡""沙发""坦克"等。另外，我们可以利用单纯词的引申义向学生说明理据，如"腿"本来指"人和动物用来支持身体和行走的部分"，后来引申出"器物下部像腿一样起支撑作用的部分"的意义，如"桌腿""椅腿""床腿"等。但是，许多单纯词的词义没有理据可循。因此，在对外汉语教学中运用语素分析法，应当以实际情况为依据，而不能生搬硬套，以免误导学生，造成他们的困惑，甚至影响其学习兴趣。

3. 语素分析法对于各类汉语词汇的适用性

（1）要注意合成词词义和构成它的语素义的远近关系

符怀青先生在《现代汉语词汇》一书中，把合成词的词义与构成它的语素义的关系分为六类。在前五类中，两者具有或远或近的关系，但是第六种类型是部分语素不表示词义，即部分语素义与词义无关。第六种类型又分为两种情况：一种是合成词中只有一个语素有意义，另一个无义，如"国家"（"国"有义，"家"无义）"忘记"（"忘"有义，"记"无义）"窗户"（"窗"有义，"户"无义）等；另一种是合成词中有的语素义模糊，如"捣蛋"（"蛋"义模糊）"斯文"（"斯"义模糊）等。此外，还有一种语素义和词义完全无关的合成词，如"东西""家伙"等。可见，有些合成词的词义与语素义之间只有部分联系，或者完全没有联系。在教学过程中，我们应该根据前辈的研究成果，注意分析合成词的词义与语素义之间的关系，采用语素分析法，侧重整体意义的教学，不宜盲目地将合成词与语素生硬地建立起联系。

（2）要注意区分合成词与复音节的单纯词

区别于合成词的是单纯词，单纯词按其音节多少可分为单音节的单纯词和复音节的单纯词。单音节的单纯词由一个语素形成，词义和语素义重合，如天、地、人、跑、跳、唱、红、白等。构成这类词的语素有上万个，称之为"成词语素"，其构造简单，无须深究。而复音节的单纯词虽然有多个音节却仍是一个语素，一定要按照整体意义来进行教学。要向留学生解释清楚：语素是最小的音义结合体，复音节单纯词仍然是最小的语义单位，如"伶俐""哆嗦""玛瑙""姥姥""吉普""哗啦""蒙太奇""罗曼蒂克"，无论它由几个字组成，都不可拆分，而应该侧重讲词汇的整体意义。

语素分析法是对外汉语词汇教学的一种有效方法。在教学实践中，应当在启发学生语素意识的基础上，积极引导学生充分利用同素关系加强识记和增加词汇量，注意语素分析与理据解释相结合、区分语素分析法对于各类汉语词汇的适用性。总之，在对外汉语词汇教学中既要积极运用语素分析的方法，又必须以实际情况为依据，以便取得更好的教学效果。

第二节 与短语教学结合

其实，短语教学法的思路，很多学者已经注意到了。如孙德金在《对外汉语词汇及词汇教学研究》中曾提到要重视词组（短语）的教学，他说："学生掌握了词组（短语）的构成规律，就能进行类推，组词造句，自如地应用汉语进行表达。"还有些学者，尽管没有明确提出，但也在著作和论文中有了一定的论述和体现。如有学者提道："词汇教学仍应以词语搭配、词语扩展和语用对比等形式进行，使学生能够在更加广阔的词语空间范围内拓展自己的思路，培养语言运用能力，不断提高汉语学习水平。"实际上，他所提到的"词语搭配、词语扩展"就是一种利用短语来指导词汇教学的基本思路。短语教学方法在对外汉语教学中的具体应用，我们可以从基本理论构建、教材编写、练习题设计和价值体现等方面进行分析。

一、短语教学的基本理论构建

1."短语"的界定

短语，即词组，它是介于词和句子之间的一级语法单位。在大多数现代汉语教材中，学者都更倾向于选择"短语"。如邢福义、汪国胜主编的《现代汉语》中提道：汉语的语法单位包括语素、词、短语、句子和句群。黄伯荣、廖序东主编的《现代汉语》（下册）中也提道：语法单位可以分为四级，即语素、词、短语、句子。邵敬敏先生在《现代汉语通论》中更是明确指出："短语有两类：实词与实词按照一定的结构方式组合起来的短语叫'词组'；实词与实词的非结构组合以及实词与虚词的组合叫'结构'。"另外还有骆小所、范开泰等人在各自的《现代汉语》教材中都是采用"短语"这一术语。总之，我们把所有"在语义上能逐层贯通，在结构上能逐层搭配起来的没有句调的一组词"都叫作短语。或者也可以这样说：短语是语义上和语法上都能搭配而没有句调的一组词。

实际上，短语可以被看作句子的静态存在形式，简单的短语可以是一个词那么长，复杂的短语可以和句子一样复杂。因此，在初级对外汉语教学中将短语作为最基本单位，一方面可以让教师在教学中灵活把握教学内容，另一方面可以让学生在学习时灵活比较各种词语的搭配问题。

2.短语在汉语语法中的地位

短语作为比词大、比句子小的一级语法单位，它在汉语语法中处在一个极其重要的位置。它的下一级单位"词"是基本的造句单位，上一级"句子"则是基本的表达单位，而短语就正好处在这两级单位的中心地带，成了连接这两个不同层面的基本单位的中心纽带。短语，从结构上来看，它是由词和词组合而成的。任何两个或两个以上的词，只要遵从一定的规则，在语义上又能互相搭配，它们就可以构成短语。从功能上来看，它也是造句材料，是构建单位，可以充当句中的一个成分。但它也可以独立成句，大部分的短语只要加上一定的句调，都可以成为一个完整的句子。因此，短语在结构和功能上的这些特点也决定了它在汉语语法中的重要中心地位。

另外，汉语中的词、短语和句子之间的结构关系类型基本一致，即语素和语素组合成词，词和词组合成短语，再由短语组合成句子，这些组合规则在一定程度上都是相似的。但三者关系相比之下，短语的结构关系与句子的结构关系相似度更高。因为语素和语素通过一定的结构关系组合成词之后，词本身所表示的意义并不一定是语素与语素的组合意义，如"白菜"并不表示"白色的菜"，"东西"并不表示"东边和西边"。换句话说，其实"词"本身内部中的语素与语素之间其实是一种融合关系，而不是简单的组合关系，因此组合后它们在语义上的区别就会比较大。而短语则不一样，短语与短语组合后，得出的意义一般都是他们结构本身的组合意义，这一点与句子的结构组合更具有相似性。因此，从这个角度我们也不难看出短语在汉语语法中地位的特殊性。

3. 短语教学思路提出的必要性和可行性

（1）"短语教学"提出的必要性

汉语是一门缺乏形态变化的语言，汉语的词不但没有形态上的变化，也不实行分词连写，而是以一个一个的"字"的形式出现在我们面前。所以，汉语里的词往往存在一个难辨别的问题。曾经有留学生向教师诉苦：我不知道一个句子中的汉字应该和前面的"字"还是跟后面的"字"组合成词。他感到很苦恼，所以每次做练习时，他的第一个工作就是把句子中的词（或短语）一个一个画出来，这样他才能知道如何去理解句子的意思。

确实，在汉语中很多由自由语素构成的词，它既是语素又是词，而且在一个句子中，当它作为语素或作为词时，意义是不完全一样的；还有很多特殊的词或短语，我们根本不能确认它到底是词还是短语。短语与词之间一直以来都存在一种难辨别的困难。一般的词和短语，我们可以通过意义、结构、功能等特征来进行辨别。但遇到那种界定不清、尚未定型的语言形式，我们就很难辨别了。如离合结构的词（理发、睡觉、吵架等）和自由结构的短语（看书、读报、喝茶等）。

正因为学生不能准确区分汉语中"词"的界限，使得他们在语言学习中存在这样或那样令人头疼的问题，所以我们在进行对外汉语教学时，如果不积极避免这些问题，就会直接影响到学生学习汉语的效果。

针对这样的实际问题，我们通过丰富的课堂实践，结果发现：如果我们在教学中积极采用短语教学法，即让学生把短语作为一个整体单位，学习时整存整放，应用时整取整用，这样，学生的学习效果就会明显好转。因此，短语教学思路的提出在对外汉语教学中是十分必要的，这对解决教学中诸多实际问题起到了十分重要的作用。

（2）"短语教学"提出的可行性

我们知道，对外汉语词汇教学的基本任务是培养外国学生识词、辩词、选词、用词的能力，"这种能力绝不只是记忆生词的问题，应包括掌握词汇的语义、句法功能中的重点问题，它直接影响学生对生词的应用能力。要培养学生的用词能力，我们认为这与词的上一级语法单位——短语，有着重要的关系。通过短语来进行生词的教学，是词汇教学中一个十分重要的方法。而且，从心理上来说，也曾有研究表明：人拒绝"非词"的时间比接受"真词"的时间更长。也就是说，学习者如果不断地纠缠在哪个是词、哪个不是词之间，他所花费的时间比直接接受一个新的词语的时间更多，由此，我们与其让学生不断地去尝试辨别词语，还不如让他们直接把短语作为一个整体来学习，这样的话，不但花费的时间更少，而且效果也会更好。

同样，短语教学在对外汉语语法教学中也显得十分重要。张志公先生曾提道："掌握了词组的构成、性能和组合中应当注意的问题，可以认为已经掌握了汉语句法的基础。学习和研究汉语语法，词组是个重点。"

因此，我们在对外汉语教学中，如果充分利用短语在汉语语法中的特殊地位，教学时以短语为中心和基点，采用短语教学法，那么学生在学习和积累词汇的同时，也习得了大量的语法规则，学习起来就会事半功倍。因此，从词汇教学和语法教学两个方面，我们都可以看出，在对外汉语教学中运用短语教学方法是可行的，也是十分必要的。

4. 短语教学的主要理论支撑

目前，我们所研究的短语教学法的理论基础主要有词组本位理论和语块理论，短语教学理论与这两者之间是既有联系又有区别的。

（1）词组本位理论

朱德熙先生认为，汉语语法的特点之一就是句子的构造原则跟词组的构造原则基本上是一致的，因此，他认为描写句法就可以在词组的基础上来进行，从而建立一套以词组为基点的语法体系，这种体系主要包括以下几点。

① 把词组作为抽象的句法格式来描写。他认为句子不过是独立的词组而已，所以把各类词组都作为抽象的句法格式来描写它们内部的结构以及每一类词组作为一个整体在更大的词组里的分布状况，而不把它们跟具体的句子联系起来。

② 词组和句子是实现关系。如果把词组看成抽象的、一般的东西，而把句子看成具体的、特殊的东西，那么，抽象的词组随时都可以独立成句或者成为句子的一个组成部分，这个过程就是"实现"的过程。

③ 从词组本位体系中看，由于所有句子都被看成由抽象的词组组成，所以，所谓句

子成分实际上只不过是词组的成分。因此，这个体系中，根本没有句子成分的概念。

从以上三点我们不难看出，朱先生提出的词组本位是与他对汉语语法特点的认识联系在一起的，他认为汉语语法的主要特点是汉语词类跟句法成分之间不存在简单的一一对应关系，而且句子的构造原则又跟词组的构造原则基本一致，因此，以词组为基点描述语法是完全可行的。

（2）语块理论与语块教学法

① 语块理论。

关于语块（chunks of language），也有学者叫词块（lexical chunks）、词汇短语（lexical phrases）或预制语块（prefabricated chunks of language）等，它是指语言在传统的自由组合词汇与固定成语之间存在的中间状态。它最早是由贝克尔（Becker）在 1975 年提出来的，他认为语言的记忆和储存、输出和使用并不是以单个词为单位的，而是那些固定或半固定模式化了的词语板块结构。后来，彼得（Peter）（1983）、纳丁格（Nattinger）和德卡里科（Decarrico）（1992）、刘易斯（Lewis）（1994）等学者又进一步对词块理论进行了深入的研究，他们不但把词块和语言教学联系起来，而且还对词块进行了详细地分类。纳丁格和德卡里科根据结构是否可以变化曾把英语中的词块分成 4 类：多词词组、程式性话语、限制性短语、句型框架。这种分类对汉语并非完全适用，所以很多研究者也开始对汉语中的词块进行分类，但个人都有个人的分法。但不管怎么对其进行分类，我们可以肯定的是，汉语中的词块比比皆是，十分丰富。有学者就发现，词块在汉语自然语言中所占比例为 90%。

目前，词块理论在国外获得了很大的发展，并形成了系统的研究方法，且直接应用于第二语言的教学中。不过，词块理论在"英语作为第二语言教学"中应用得比较多，而在汉语中的应用则比较少。当然，很多学者已经开始着手汉语中词块理论的研究，并且已经注意到词块理论对对外汉语教学的指导意义了。

② 语块教学法。

语块教学法是在语块理论的基础上提出的。许多语言学家注意到，儿童在学习母语的过程中通常会经历这样的一个阶段：他们在某些时候会使用大量未经分析、预制的语言（即语块），而这些语言正是儿童后期创造性使用语言的基础。母语学习者从只使用一些基本不会变化的短语开始，逐渐地与一些相似的短语进行类比，学会把他们分解成更小的形式，直到单词为止。在这个"从语块到词"的过程中，他们既掌握了单词的意义，又学会了句法规则。因此，很多学者就提倡在教学过程中，利用儿童习得母语的这一特殊规律来指导第二语言教学，即形成"语块教学法"。语块教学法也就是以语块理论为指导，让学生在学习第二语言时，把这些具有一定结构、表达一定意义的语言单位直接储存在大脑中，同时充分调用学习者已有的语言知识和认知能力，当学习者下次需要提取和使用该语言单位时，只要稍做改动后便可直接运用，组成合理的句子，变成流利的语言。

语块，其实也是词与词的组合，它一方面允许词与词的自由组合，另一方面在形式上又比较固定。这些结构通常可以通过句法规则来分析，只不过由于它们使用非常频繁，又常常被看作一个整体单位。因此，语块教学法与"短语教学"有着异曲同工之妙，两者都是主张把语言中那些高频出现的大于词的语言单位作为第二语言教学的基本单位，并有意识地在教学中进行操练和学习，以此提高第二语言教学的效率。

5. 短语教学的基本内容和原则

(1) 短语教学的基本内容

我们所提出的对外汉语教学中的短语教学理论是以词组本位理论和词块理论为基础的，基本观点有许多相似的地方，但在具体的操作内容、方法和原则上并不完全相同。我们可以这样来看短语教学：它与汉语本体研究中的词组本位理论为同胞，其基本观点都是把"短语（词组）"作为最核心的、最关键的基点，只不过短语教学是推崇"短语"在整个对外汉语教学系统中的中心地位，而非汉语本体研究中的中心地位。它与语块教学理论的区别是：语块是汉语词汇中特殊的一部分，而短语则是一级普通的语法单位，它所囊括的不仅仅是语块部分，还包括很多由普通规则组合而成的短语。因此，短语教学是对外汉语教学中比语块教学理论更具普遍性、概括性的一种教学思路和教学理论。

所谓短语教学，就是在对外汉语教学中，对汉语中的短语（包括固定组合、固定用法等）加大教学力度，让学生以短语为中心，逐级学习和掌握汉语词汇、语法和语义，然后通过反复练习和操作，让学生能较快提高语言综合运用能力的一种教学思路和方法。

(2) 短语教学的教学原则

① 整体认知原则。

把"短语"作为一个整体单位来教学，首先就应该遵循整体认知的原则。即在教学过程中，应该让学生自觉地将"短语"作为一个整体来学习，并将其作为整体来操练，在应用中作为整体来提取和表达，这样才能真正从短语教学中提高学生的表达能力和语言的学习效率。

对外汉语教学是一种语言工具的教学，教学的最终目的是要求学习者能够自如地表达他所想表达的思想和看法，因此，在实际教学过程中，教学者应该始终坚持把语言当作交际工具来教和学，而在短语教学中要做到这一点，就必须充分遵循"整体认知原则"，将"短语"作为一个完整单位整存整取，从而让学生在实际的汉语应用中学到一种较为地道的汉语表达方式。

② 词汇先行原则。

"短语"本身在对外汉语教学中，我们不难发现它其实最初总是出现在词汇教学的层面，然后通过从词汇层面的掌握进而对其结构进行掌握，从而获得语法层面的认知。因此，我们在提倡短语教学的同时，不得不遵循一个基本的原则，即"词汇先行"原则。

我们在利用短语作为对外汉语教学中的核心和基点时就应该意识到，任何一个"短语"都有自己的词汇意义，在教学过程中，想要让学生从短语中自觉主动地摸索到短语本身所包含的一种语言结构和规则，首先还得让学生掌握"短语"作为词汇所表示的基本意义，然后才能谈及其他。因此，"词汇先行"原则在短语教学中是十分重要的一个教学原则。

③演练得法原则。

语言的学习需要不断地熟练和强化，如果不进行大量的练习，言语技能很容易退化。我们应用短语教学法进行教学时也应该注意这一点，因此，我们提倡在短语教学中遵循演练得法的原则。具体说来，语言学习的效果与学习者对目的语的接触面及目的语的输出量有着很重要的关系。对外汉语教学虽然有着使用目的语的自然环境，但是，如果我们不强化学生学习汉语的环境，不有意识地为他们加大汉语的输入与输出量，学生就不能自觉地运用目的语进行沟通和交流。

因此，在进行对外汉语教学时，教师应该积极示范，不断给出不同的例子，然后学生通过模仿，积极进行演练，直到达到十分熟练的程度。同时，我们也鼓励教师尽量加强课内教学与课外语言实践的结合，演练得法，形成课内课外的学习与习得相结合的新教学体系。

二、短语教学在教材编写中的体现

对外汉语教学中对短语教学的应用直接体现在词汇教学部分。几乎每一本对外汉语教学的教材中，课文的开头部分都会有"生词"。通过我们对这些教材的调查可知，教材中的"生词"并不仅仅只有词，而是或多或少包含了短语。所以，有些教材干脆把生词一栏直接改名为"生词及短语"，或者统称为"词语"（张泰平主编《国际商务汉语教程》）。还有一些教材干脆把短语列在相应的生词下面，如杨庆蕙主编的《实用汉语会话系列教材》，他直接在每个生词后面把与之相关的短语也列出来，如天使：小天使；简直像个天使。这样，学生在学习生词的同时，也把这个词所出现的前后最紧密的语言环境学会了，从而真正掌握这个词的用法。当然，短语教学在对外汉语教学中的应用不只体现在生词环节，更重要的是，短语教学还几乎出现在每一本教材的练习部分。我们通过考察几个系列的汉语综合教材，发现练习中以不同的形式出现了短语操练项目，见表3-1所列。

表 3-1　汉语综合教材练习中不同的形式的短语操练项目

教材名称	出版社	编者	短语操练
汉语教程	北京语言大学出版社	杨寄洲	读词组
发展汉语：高级汉语（下）	北京语言大学出版社	杨存田	填上宾语、名词、量词、中心语等（实际上就是把词扩展成短语）
新汉语教程：情景•功能•结构	北京大学出版社	李晓琪、戴桂芙、郭振华	读词组
初级汉语课本	北京语言文化大学出版社	鲁健骥	扩展练习
速成汉语基础教程：综合课本	北京大学出版社	郭志良、杨惠元	用下列词组成短语；教材中的"四音节声调"；其内容也都是朗读短语
实用汉语会话系列教材	北京师范大学出版社	杨庆蕙、董明	替换练习、扩展练习
捷径：中级速成汉语课本	北京语言大学出版社	朱子仪	熟悉下列短语
汉语高级教程	北京大学出版社	姚殿芳	词语例解（即利用课文中词语所在的短语进行词语解释）

总之，教材设计者也都认识到了短语在对外汉语教学中的重要枢纽地位，也很清楚短语在初级对外汉语教学中对学生积累词汇、流畅表达的重要促进作用。他们无形中会把这种观点渗透到教材中，借助于短语这个桥梁，让学生更好地学习语言。

三、短语教学在练习题设计中的体现

1. 选词填空

选词填空的形式有句子选词填空和篇章选词填空两种，无论哪种形式，短语教学法都充分地运用到了其中。如句子选词：

① 我 ＿＿＿ 下飞机就来公司了。（马上、一、以前、快）

② 你写得不错，我提 ＿＿＿＿ 什么意见。（不过、不去、不出、不来）

第①题中，设计者是想检查学生是否能够熟练掌握"……一……就……"这一关联词语的用法。那么，学生在学习时，必须通过不断操练由这一对关联词语组成的短语才可完全掌握。第②题中的"提不出意见"就是一个完整的短语，而且也是一个十分常见的短语，这一短语本身的基本形式为"提出意见"，还有"提出问题""提出想法"等。

再如篇章选词：小林的妈妈 _____ 来北京，小林打算去机场 _____ 妈妈。小林早上六点就 _____ 了。他来到机场时，_____ 了妈妈。他们 _____ 回到了小林学校附近的宾馆。（接、看见、一起、起床、要）

篇章选词填空看上去似乎是完成句子，完成语段，但是，如果学生对备选词语的基本短语环境都不熟悉的话，是不可能准确快速完成的。因此，在篇章选词中，学生也大多都是利用他们所熟悉的"短语"这个小语境来确定词语的。

2. 连词成句

如回国、我、了、实在、舍不得、大家、要。连成后，完整的句子为：要回国了，我实在舍不得大家。要用最快的速度把词语连成句子，最基本的要求就是必须十分熟悉词语与词语之间的各种组合的可能性，而这种熟练就来自学生对与词语相关的短语的掌握程度。因此，此类习题的设计也都是建立在"短语教学法"思想的基础之上的。

3. 连线题

连线题设计如下：

一条	问题
引起	参加
亲自	胡同
新鲜	注意
主要	空气

本练习中的"一条胡同、引起注意、亲自参加、新鲜空气、主要问题"都是一些常见的短语，在平时生活中也用得较多。习题设计者希望通过考查学生对词语搭配的掌握情况，来引导学生注重短语的学习。

4. 词语搭配练习

词语搭配练习题设计如下：

测深度	收拾房间	公共交通
测距离	收拾干净	交通方便

5. 完成句子

完成句子练习题设计如下：

① 你把碗往里边放一放，_____。（免得）

参考说法：免得掉地下摔坏了

② 我想把那热闹的场面拍摄下来，＿＿＿＿＿＿＿＿。（可惜）

参考说法：可惜我没有带照相机

③ ＿＿＿＿＿＿＿＿，怎么翻译得了这种文章？（毕竟）

参考说法：毕竟我的汉语水平有限

6. 其他题型

如修改病句、回答问题等，这些题型也都或多或少地体现了短语在习题设计中的重要地位。

四、短语教学在对外汉语教学中的价值体现

1. 短语教学有助于经济、有效的语言学习

从心理学的角度来说，人类的记忆有三种模式：瞬时记忆、短时记忆和长时记忆。这三种模式是逐步深入的，人脑对信息的接收，首先就是瞬时记忆，然后通过短时记忆，最后进入长时记忆。研究表明，瞬时记忆的容量只有 7 个单位左右，但每个单位的信息密度可以不同，可以是一个字母，也可以是一个句子。因此，尽管瞬时记忆只限于 7 个单位的信息，但是我们可以大大增加每个单位的信息容量。如果把短语当作一个单位来记忆和储存，那么，毫无疑问，一个短语比一个词语所能蕴含的信息要多得多，而且大部分短语都具有再生能力，只要掌握了一个短语，就能同时掌握一类的结构相似的短语。尽管句子比短语的信息量更大，但由于句子语言交际的基本单位，它除了句子本身的基本意义之外，还要考虑很多语用层面上的问题。所以不太适合进行基本的词汇积累和语言教学。而短语则不需要考虑太多语用问题，但它同样可以给学生提供一个相对完整的表达意义。

因此，我们采用短语教学，一方面巩固了"语素、词"这样的造句备用单位，同时也给学生提供了一个无形的语言要素的使用和交际基本环境，告诉了他们应该怎么使用这些词语和语素。而语境通常是可以促进词的辨认的，当学习者学习某个词时，如果我们在教学时以短语的形式进行输入，那么他会同时掌握这个词所出现的前后语境，下次再出现同样的语境，他就能很快地找到合适的词来进行表达，从而节省了学习者"从思维→词语再现→词语选择"整个认知过程的时间，这就大大提高了语言学习者的学习效率。

2. 短语教学有助于创造性的表达

短语教学看起来似乎是一种不具创造性的表达，只是对短语本身进行形式上的记忆和机械使用。实际并非如此，短语的构成成分之间在结构上的离散性比较大，即短语内部可供变化的空间很大，这正是学习者可以创造性使用短语的广大空间。如我们在教学生学习

短语"洗头发"时，"洗了洗头发""洗洗头发""洗了一次头发"等，这些都是"洗头发"短语的变体，而这些同一个短语的不同形式都是学生在学习该短语时应该同时掌握的内容，这个过程其实就是教会学生进行创造性表达的过程。

在进行短语教学时，学习者一开始确实十分依赖那些所学到的短语，这些短语在他们脑海中一开始也只不过是一些不变的预制的语言板块，但在经过大量的练习后，他们会不自觉地进行模仿和类推，然后将这些不变的板块分解成基本的框架，并懂得用不同的"参数"来填充"变量"，这就是创造性使用语言的过程。而且，正因为短语教学在对外汉语教学中有这样的优势，我们才提倡短语教学方法，让学生从整个语言学习的过程中，自主体会，积极模仿，从而学会自己创新表达。

3. 短语教学帮助学生减少母语的负迁移

人们在进行第二语言的学习时，存在于学习者大脑中的两种语言体系总是无法和平共处的，由于第二语言学习者大脑中已经存在着母语的语言知识，在第二语言的学习过程中往往习惯于参照母语进行机械的对应和组合，因此，目的语总是避免不了受到母语体系的负迁移。作为一种策略，短语教学可以最大限度地减少母语对目的语的负迁移。学习者通过短语的整体记忆，可以避免词汇选择错误，或是搭配上和使用习惯上的不正确类推等。如"穿、戴"两个动词在英语中都是"put on"的意思，如果我们在教学时，不强调"穿衣服、戴帽子"这样的短语输入，那么学生就很可能闹"穿帽子、戴衣服"这样的笑话。

因此，我们在实际教学中应该从汉语的实际出发，通过自己的实践经验来总结出对外汉语教与学的规律。在对外汉语教学中，以"短语"为教学单位是一种有意识向母语的习得过程靠拢、模仿母语的习得形式的教学思路，我们把焦点从语言规则的学习上转移到培养短语意识、进行短语操练上来，让学习者通过短语的学习来逐渐了解语言系统中的各种组合规则，让学生在顺繁接触、大量吸收短语中更加熟练地掌握和使用第二语言。

而且，我们知道汉语中有许多并列句和排比句，而英语中则多从句。以英语为母语的学习者学习汉语时，通常会按照英语的思维方式和翻译方法来学习汉语，并对汉语中许多表达方式表示无法理解。通过短语的学习可以使学习者一开始就习惯汉语的思维方式和表达习惯，在实际交际中克服中介语和母语的影响。总之，短语教学这种方法在对外汉语教学中更接近母语或自然语言的习得过程，通过这种方法，可以使语言学习者从一开始就轻松、准确地使用目的语，大量减少母语带来的负迁移。

4. 短语教学有助于学生流畅、地道的汉语表达

短语教学法可以促进学习者对篇章的理解，提高语篇的表达能力，使得表达更加流畅。传统的教学法都偏向于引导学生理解单个字（语素）或单个词的含义，而忽视了词前后之间的整体教学，这就造成学生在实际阅读语篇或是进行语篇表达时把握不住整体的含义。因此，以短语为单位进行教学，可以提高学习者对语言的敏感性，促进对篇章的理解，提

高表达的流畅性。此外，语言学习者在交际中都有一个共同的问题，那就是如何能表达得更加规范些。而短语教学的特点就是能让学习者直接、快速地提取预制的语言，不必为某个词语的选择，以及词语与词语之间的组合大费精力，因为短语的构成成分之间本身就受到语法结构和语义搭配的双重限制，所以直接进行短语教学可以保持交际的流畅性。有时候短语本身也附带一定的语境，即它与一定的情景紧密联系，从而具有一定的情景意义，如"反正、别提了、怎么说"等，由于这类词总与特定的语境相联系，所以，当学习者在类似的情景下需要这类表达时，就能很快从这些短语中产生联想。

另外，有些短语还有一定的语篇组织能力、语义和逻辑上的提示能力，如表示反对做某件事时，可以用"……什么……"结构（说什么说、看什么看……）；对一个话题发表自己的观点，通常会用"依我看；你看"这样的短语来开头。如果在教学过程中，教师注重这一类短语的教学，那么学生只要掌握了这些短语的基本语用含义，他们就能自觉地在表达中使用，从而有助于学习者在表达上的连贯性和逻辑上的合理性，并让他们说出来的汉语更加规范、更加自然、更加地道。

第三节　汉语语法及词汇聚合关系

一、语法通则和词汇个性分析

语法是词、短语、句子等语言单位的结构规律。语法通则是语法的基本规则或规律。例如："西洋语法要求每一个句子有一个主语，这是通则，没有主语就是例外。汉语则是在主语可知的情况下，不用为常，这是通则，而不是例外。"词性指个别的词在词的语法分类中的属性，词的语法分类以全体的词为对象，词性是个别的词归类的结果。例如，"木头"在语法上是名词，名词就是它的词性；"绊住"在语法上是动词，动词就是它的词性。词的个性一方面指"词的变性"，它是指因在句子中语法位置的关系，受其他词的影响而变化其原有的词性。它与词的本性，即"词本来具有的词性"是对立的。例如，汉语的语法特点之一就是词序固定。所以汉语的限制词必须放在中心词的前面，假如把它移到后面，它就变成了一种说明语。另一方面，词的个性则指因受语境的影响，而强调语言的某种特殊功能时，词语的用法呈现出来的新特点。从词语的兼类、活用、重叠、形象化、方言性五个方面来具体说明汉语的语法通则和词语个性以及二者之间的关系。

1. 词语兼类

词语兼类指同一个词兼属不同词类的现象。造成兼类的原因一般是兼类的词同时具有两种或更多词类的语法特征。兼类的词分属不同词类时，它们在词义上彼此有密切的联系。

下面以名词的兼类现象为例说明其兼类的个性特征和语法通则。

① 还动不动就唱"思想起当年事好不悲凉"。

② 朴光子问过李成浩，才知道那日本兵叫山田，从军前是一个挺有成就的画家，到要塞后因为思想激进，经常说些反对大东亚圣战的话，而遭了那个军曹的打。

③ 他的脸也一天天地变得红润起来，给人很健康很阳光的感觉。

④ 阳光下，小溪一般的汗水从土豆的脸上汩汩而下，他不去擦。

"思想"和"阳光"在《现代汉语词典》（第五版）中的义项分别如下。

思想：

① 名词，客观存在反映在人的意识中经过思维活动而产生的结果。

② 名词，念头、想法。

③ 动词，思量。

阳光：

① 名词，日光。

② 形容词，属性词。积极开朗，充满青春活力的。

③ 形容词，属性词。（事物、现象等）公开透明。

例①和例②中的"思想"分别是动词和名词的用法，这是一种名动兼类的现象。例③和例④中的"阳光"则是名形兼类现象，分别是形容词和名词的用法。名动和名形兼类就是某些具有名词语法性质的词在一定的语言环境中失去了名词的语法性质，而获得了动词或形容词的语法性质。实际上在名词词类里，能够具有兼类性质的名词是相当少的，因此可以说，这类具有动词或形容词性质的名词是名词词类的一种个性特征。另外，这类名动和名形兼类现象又具有共同的语法性质，构成了共同的语法规则。

2. 词类活用

词类活用指的是某个词按一定的语言习惯，在句中临时改变自己的基本语法功能，而用作其他词类的现象。

① 曼小顾，你木头呀?

② 天台中央有个水塔，漆成墨绿色的木头盖子上搁着的一本书，翻在 49 页，最上面一行写着："化疗及手术后应以气血双补，增进食欲为原则，可饮用北芪瘦肉汤、蒸鸡蛋豆腐……"

在《现代汉语词典》（第 5 版）中"木头"的义项为：名词，木材和木料的统称。经过比较分析可知，在例①中"木头"做谓语成分，而木头的词语本性是名词，现代汉语中名词是不能单独做谓语的，所以"木头"此时临时活用为了动词，这是名词活用为动词的典型现象。在例②中"木头"虽然做定语，但不是名词活用为形容词的现象，因为名词具有直接修饰别的名词成分的语法功能。名词的活用现象同名词的兼类现象一样，在名词词类里只占了一小部分，另外，名词活用后有着自己的语法功能和语法性质，具有作为名词而区别于同类其他名词的语法个性特征，并且这些活用的名词用法只是临时性的，并不能改变名词的基本语法性质和功能，从而它们又有了共性特征。

3. 词语重叠

词语重叠主要包括名词、动词和形容词的重叠，在语言现象中有着重要的位置。

① 曼小顾捋捋穗额前的头发，再看看还没有人样的婴儿。

② 你满河滩里问问，我是不是对得起你，你以为我真的买不着沙子呀咋地？

从例①和例②中可以看出，"捋捋、看看和问问"等单音节动词重叠具有共同的语法形式即 AA 式，表示短时轻量的语法意义，如"捋捋"是一个短暂的、轻微的整理头发的动作行为。据统计，AA 式词语占重叠词语总数的 53%，而单音节动词重叠又只是其中的一小部分，所以说重叠现象也只是整个语言现象中的一小部分，是一种语言个性，但它们各自的重叠又有着共同的语法形式和语法意义。

4. 词语的形象化

词语的形象化指的是某些词语的特殊运用使语言的描绘或表达更加具体、生动，从而创造出生动具体的、激发人们思想感情的具体形状或姿态。

① 长长的枝条垂下来，善解人意地抚摸着我。

② 他上下看了看，就从空调板上站了起来，猫腰又坐回了那半罅隙里。

③ 胸脯里的兔子再次蹦了出来。

④ 那个清晨，曼小顾的家里溢满了哇哇的哭声，闷闷的。

⑤ 原本安静的青椒棵子此时也有些闹腾，趁着一股风呼呼涌涌地往我身边挤，其中一棵还绊住了我的一条腿。

"猫腰"和"兔子"分别形象地描述了人物的动作行为和心脏七上八下的跳动特征。"溢满"把哭声形象地表达了出来。"闹腾、挤"本来是表示动态的词语，却和静态的枝条和青椒棵子相结合，赋予了枝条和青椒棵子鲜明的人性化特征，使语言更加形象生动。这些形象化的词语把原属甲事物的修饰语临时用于乙事物，或者是把形容人的修饰语移用于物，或者把形容物的词语移用于人，不仅增强了语言的表达效果，使语言形象生动，而且充满了个性化气息，构成了独特的共性特征。

5. 词语的方言特征

词语的方言特征指的是带有地方口语色彩的词语使语言的鲜明个性特征突出地表现出来，以达到增强语言表达效果的功能。

① 霍品不答，却瞅着刘会计脖子上的伤痕问，又挂彩了？

② 中不中，试试呗。

③ 家里没有男人，可村里举胜子家也没有男人，日子反而活络得不行。

④ 那个小孩儿来自隔壁弄堂，黄巴巴的没洗净的脸，头发也是枯黄而且稀疏的，但眉眼还算清秀。

上面例子中的"挂彩、中、活络、弄堂"等带有明显的地方语言色彩，"挂彩"就是受伤流血，"中"就是同意，"活络"就是通达，"弄堂"就是小巷的意思。这些方言词的使用，增强了词语的地方个性，闻其言，知其地，使语言生动活泼，有助于增强表达效果。

总之，语法通则和词语个性是一种对立统一的语法现象。组合关系和聚合关系是人类语言系统中的两类根本结构关系。语法通则就如同聚合关系链条上的具有同类性质可以处在同一位置上的语法单位。词语个性就如同组合关系上的独特语法成分。在组合关系的线性排列上任何一个词语都是一个独特的词语，而在聚合关系的纵向排列上则是一类一类的词语。众多相同或相似的词语个性特征相结合便构成了一系列语法通则，而某个语法通则在具体的语言环境中又转换成了具体的词语个性特征。

二、语言词汇中的聚合关系

语言是人类区别于其他动物的一个显著标志，与人类的思维密切相关。"作为语言的构成要素之一，词汇是语言的建筑材料。通过词语的选择和搭配运用，人们可以说出和写出无数的话语和篇章"。孙汝建指出："语言里的词与词，并不是互不关联的一盘散沙，而是相互之间在内容、形式、构造、功能等方面直接或间接地联系着的一个整体，这些错综复杂的联系使词汇成分形成网络，构成系统。"

1. 词汇和词汇学

关于词汇是什么，语言学界有不同的界定。如孙汝建认为："语言中所有的词构成所谓语言的词汇""词汇是许多词的集合体""词汇是一种语言词的总汇"等。范先钢指出："词汇又称语汇，是某一特定范围内语素、词和固定短语的总汇。特定范围可以是一种语言、一种方言，如汉语的词汇、现代汉语的词汇；也可以是一个人、一部著作，如鲁迅的词汇、《红楼梦》的词汇。"

"词汇学"，意思是"关于词的科学"。杰克逊等人指出，词汇学的研究与形态学、语义学、词源学和词典编纂学有很密切的关系，尤其是与语义学的联系更为紧密。因此，现代词汇学又进一步分为狭义词汇学和词汇语义学。词汇语义学主要研究词的语义问题以及整个词汇体系的语义结构。在研究词汇的语义结构中，一个很重要的方面就是词汇之间的语义关系，包括聚合关系和组合关系两大类。这里我们将探讨词汇间的聚合关系。

2. 聚合关系

词汇的实际存在状态不是按字母顺序排列，而是按一定的共同点联系起来，分成类、群、组等。我们把词汇间的这种联系称为聚合关系。词汇间的聚合关系构成聚合体类型。聚合体类型一般包括同义词、反义词、同音 / 同形异义词、一词多义、词汇语义群（上下义词）。

（1）同义词

同义词，意思是"具有相同含义"。林承璋认为："同义词是指拼写和发音不同但含义相同或相近的词。"根据意义"相同"还是"相近"，同义词分为等义词和近义词。一般来说，等义词可以相互替代而不影响概念意义的表达。例如：

姥姥—外婆　玉米—苞谷—珍珠米—棒子

近义词是同义词的主体部分，近义词所指内容基本相同，但之间存在细微的区别。例如：

宠爱—溺爱　亲切—亲热—亲密

汉语和英语的同义词十分丰富，它们的产生是人们对客观事物深入观察和感受的结果，也是语言表达日益丰富和精细的表现。正确使用同义词可以使表达准确细致，可以使语句避免重复单调，可使语势增强，表意充分。

（2）反义词

意义相对或相反的一组词称为反义词。根据意义间的关系，反义词可分为两种类型。

① 绝对反义词（二者之间没有中间状态存在）：生—死、有—无、出席—缺席。

② 相对反义词（二者之间有中间状态存在）：冷—热、迟—早、快乐—忧愁。

林承璋把反义词分为三类，即意义相反的词、意义互补的词、意义相反且互为前提的词。

另外，有些词由于有多个义项，同一个词可能会有几个反义词。例如：

正—偏、反、副、负、邪；痛苦—高兴、快乐、愉快、幸福、喜悦。

掌握好反义词也非常重要。反义词可以揭示事物矛盾，形成鲜明对照；可以形成对偶映衬，言简意赅，富有哲理；可以强调语义，加强语气。例如：虚心使人进步，骄傲使人落后。

（3）同音 / 同形异义词（homonyms）

"homonyms"一词可指同音异义词、同形异义词和同音 / 同形异义词。

① 汉语 homonyms 可以分为两类。

a. 同音异义词：语音形式完全相同而词义不同的词。

异形同音词：占有—战友　形式—形势—刑事。

同形同音词：等（等候）—等（等级）　杜鹃（鸟）—杜鹃（映山红）。

b. 同形异义词：书写形式相同而语音和意义不同的词。

声韵相同，声调不同：墙倒了—倒垃圾。

韵母相同，声母或声调不同：弹钢琴—子弹。

声母相同，韵母或声调不同：称两斤—称了心。

声调相同，声母或韵母不同：写两行—行程。

声韵调相同，重音格式不同：地道（地下坑道）—地道（真正的）。

② 英语的 homonyms 可分为两大类。

a. 完全 homonyms，同音同形异义词，分为以下两类：

同音同形不同词性词：last n.—last v.—last adj.。

同音同形同词性词：ball（球）—ball（舞会）。

b. 不完全 homonyms，意义不同，音或形相同，分为以下三类。

同音异形异义词：flour—flower。

异音同形异义词：close v.（/z/）—close adj.（/s/）。

意义不同，语法形式相同：found（find 的过去式和过去分词）—found（建立）。

巧妙利用同音词可以造成同音双关的效果，可使语言生动形象。

东边日出西边雨，道是无情却有晴。（谐音）

电杆上绑鸡毛——好大的掸（胆）子。

（4）一词多义

如果一个词有两个或两个以上的义项，且各义项之间的意义是有关联的，这样的词就是多义词。多义词都有本义和派生义，派生义包括比喻义和引申义。例如："老"字。

本义：年岁大。

派生义：陈旧。如：老机器。

很久以前就存在的。如：老朋友。

长久。如：老张近来很忙吧，老没见他。

多义词是所有语言的普遍特征，正是由于词的多义性，语言才具有如此大的魅力，在人们的日常生活中发挥重大的作用。

（5）词汇语义群／上下义关系

当两个词在概念意义上存在包含和被包含关系时，它们就是上下义词。上下义词包括上义词和下义词。上义词在概念意义的外延范围上要大于下义词，构成类属概念关系，是一组相对的概念。一个上义词至少包含两个下义词，例如：

上义词　　　　　　下义词

蔬菜　　　　　　　白菜 芹菜 菠菜 冬瓜 苦瓜 南瓜

汽车　　　　　　　卡车 轿车 吉普车 面包车 客车

词汇语义群（上下义词）是一种特殊的语义关系的词，掌握它有助于扩大词汇量，因此学习词汇语义群（上下义词）也非常重要。

语言里的词汇成分互相结合而构成一个统一的整体，这就是语言的系统性。词汇的聚合关系是表明语言词汇系统性的一个重要方面。在学习语言的过程中，掌握词汇间的这种联系对于我们的交流、写作，提高语言能力大有裨益，尤其对留学生来说，通过词汇之间聚合关系的特点，可以更快更好地掌握词汇的用法，扩大词汇量，从而提高汉语水平。

三、词汇组合与聚合关系及其发展

按照索绪尔的结构主义语言学的叙述,语言是由聚合关系与组合关系构成的价值系统。聚合关系使语义确定化,组合关系使语义具体化,二者有机的结合,使语义构成有规律、有条理的系统。雅各布森把语义的纵横结构套用在了叙事学上,其对隐喻和换喻的分析是组合、聚合关系的叙事学发展。乔姆斯基的转换生成语法建立在组合关系和聚合关系之上,提出了表层结构和深层结构,为语言学研究开辟了新思路。

1. 索氏组合关系和聚合关系

(1) 组合关系和聚合关系

组合关系是以符号的线性为基础的,这些要素一个挨着一个排列在语言的链条上面,它涉及在一定的序列中前后连接的语音要素之间的关系,侧重针对语言的基本结构方式而言。换言之,组合关系是指出现在言语中,建立的线性基础上,排列在言语的线条上面,各个语言单位的横向关系。从词汇层面的角度看,横向组合关系就是词汇的搭配。从语法角度看,组合顺序被理解成一种“结构”,是语言成分的组合排列。作为一个轴,横向组合关系,决定哪些单位能结伴,以什么顺序结伴,而这个轴是链条性的。聚合关系是通过心理联想构成的语言要素的集合,它的特点是没有确定的顺序和数目。聚合关系,在语言体系中可能出现在同一位置上,功能相同的单位之间的垂直关系,也叫纵向关系。从词汇的角度看,聚合关系是一个“词汇集”,这个集享有一定的语义特征,集合里面的成员具有共同的搭配模式。从语法角度看,聚合关系包含的是具有相同语法特征的词类,这个语法特征决定了在横向组合关系中,某个词或某些词可以出现在哪些地方。

(2) 组合关系和聚合关系的对立与联系

关于组合与聚合之间的对立,从两者的概念上我们不难看出,组合是出现在言语中的,聚合是出现在语言中的。组合是过程,而聚合则是一种系统结构。组合是显性的,而聚合则是隐性的。组合是各个语言单位的一种横向关系,而聚合是各个功能单位的垂直关系。组合和聚合之间的联系,是在语言结构的各个层次和各类要素上实现的。正是如此,组合关系和聚合关系的这两种价值实现方式,就改变了语言结构的经纬线,也因此才有了索绪尔的经典论断:“语言是形式而不是实质。”这句话的意思是,语言是形式关系的总和,而不是实在的物质。而且所谓的“关系”就是指组合关系和聚合关系,这与“在语言状态中,一切都是以关系为基础的”说法相呼应。

2. 雅各布森的隐喻和换喻分析

在文学研究领域,雅各布森对隐喻和换喻进行了深入的分析和研究。他认为"隐喻以实在的主体同它的比喻式的代用词之间的相似性和类比为基础","换喻则以人们在实在主体和它'邻近的'代用词之间的接近联想为基础",两者是一种二元对立模式,代表了语言的组合关系和聚合关系的对立。

(1)隐喻和换喻的解释

传统的修辞理论,把隐喻和换喻作为两个并列的修辞格,而其实隐喻与换喻都是人类的认知手段。隐喻涉及两个不同领域事物之间的联系,而换喻常常涉及同一个认知领域的事物之间的联系。隐喻根据的是事物之间的相似性,而换喻注重的是事物本身的特点,或它与其他事物之间的特殊关系。理解过程实际上是源域事物的特点向目标域事物投射的过程;而换喻的理解主要是根据喻体的特点来确定实际所指的对象。从功能上来说,隐喻和换喻有很多相似之处。但隐喻因为以此代彼,因此更能创造诗意和意境,也更具有认知价值;而换喻主要是以事物的某一特点代指该事物,因此其主要功能为指称。

(2)雅各布森聚合组合轴的投射分析

在雅各布森的《语言学与诗》中,他有一句经典论断:"诗学功能把选择轴的等值原则投射到组合轴上"。对于这一论断可以做这样的解释:语言是由组合关系和聚合关系来支配的,组合关系是语链的线性组合关系,聚合关系是词语间、结构间的同义、近义、同韵以及同构等的等值关系,且同一组合关系内的所有成分等值。雅各布森认为,组合关系具有一种对比功能,聚合关系则有一种映衬功能。所谓"把选择轴的等值原则投射到组合轴上",其实是说诗学功能的声音形象,把一种映衬功能重叠到语链上这些或那些对比功能上,结果处于等值关系中的等值成分也出现在了组合轴上。"等值进入了语序构成之列。在诗歌方面,每一个音节都与同一语序中其他音节处于等值关系,每个单词重音都被认为与任何别的单词重音等值。同样,非重音等于非重音,长音等于长音,短音等于短音,词界等于词界,停歇等于停歇……"一个更加简明的解释是,等值原则就意味着音素、重音、节奏、词、语法结构的重复出现。按照这种分析方法来分析文学作品,尤其是诗歌,是现代诗歌分析的原则,也是诗歌的语言符号学特征。

3. 乔姆斯基的转换生成语法

(1)转换生成语法的产生和定义

美国语言学家乔姆斯基认为,语言研究应致力于探索人的内在语言能力,不应满足于对言语行为这种表面现象的观察和描写。结构主义研究语言的目的是对语言进行分类描写,而在乔姆斯基看来,语言研究的目的就是要建立一套形式化的演绎系统,一套有限的语法规则。他用结构主义的方法研究希伯来语，后来发现这种方法有很大的局限性，转而探索新的方法，逐步建立起转换生成语法。这条规则既能生出无限合乎语法的句子，又能解释各种句子内部的语法关系和语义上的歧义性。

（2）转换生成语法对语言纵横轴的延伸

乔姆斯基认为，语言有生存能力，是对有限规则的无限使用。在这一点上我们可以看出，他的观点和索绪尔的组合与聚合关系有相同性，都可以有无限种搭配的可能。乔姆斯基认为"转换"是"生成"的重要手段。生成是一个数学术语，指用较少的规则解释较多的事实。生成性说明语言具有创造性。这一点也和组合聚合关系有联系。比如"我买书"，在运用组合聚合关系时，我们可以创造出无数个这样简单主谓宾的句子。在转换生成语法中，语法规则是有限的，而创造出的句子是无限的。组合关系的结果就相当于转换生成语法中的表层关系，而表层关系把组合关系复杂化，引入了语音部分，并为表层结构做语音解释。

生成语法的转换手段，是把组合聚合关系扩大来解释，然后再加入新的东西。在组合聚合关系中，只是简单地把它们作为语言系统中最基本的两种关系横向地提出来，并没有深入研究。而在转换生成语法中，深层结构包括了我们所说的聚合关系，更包括了语法规则，以及语言能力的天赋性和内在性，对组合聚合关系是很好的补充和发展。简单地说在组合聚合关系中，我们只是提到了词、词语以及句子之间的表面关系，而转换生成语法则把这种关系纵向发展了，联系到了我们人类语言的使用者本身的一些研究，并把如何组成组合和聚合关系做了具体的解释。

四、聚合词语在对外汉语教学中的策略

词汇作为语言的建筑材料，是语言学习中至关重要的一环。没有充足的词汇储备，就不能将语言恰如其分地应用到现实交际中，做到学以致用。正如陆俭明先生所说："一个外国学生要学好外语，重要的是掌握大量的词汇，要有足够的词汇量。"聚合词语作为一种特殊的词汇现象，在现代汉语中屡见不鲜，且包含的大量文化内涵，更应该在对外汉语教学中予以足够重视。汉语学习者只有充分掌握并恰当运用聚合词语，才能把汉语说得更地道。

1. 聚合词语成分义教学与整体义教学相结合

汉语中单音节语素绝大多数能充当词根，因而词汇广泛运用词根复合法。这类词往往存在成分义和整体义，且二者有部分与整体、具体与抽象的关系。聚合词语也是如此。因此在讲解聚合词语含义时，教师可以先将词语化整为零，从其成分义寻找突破口，然后上升到整体意义。例如：

① 不顾人民劳动力的极限，只顾自己声色犬马的享受，没有一个逃过覆亡的命运。（柏杨《柏杨白话版资治通鉴：赤壁之战·三国鼎立》）

②《三更三点到三河》写的是一个跑马卖艺出身的响马和一个唱野台子戏的女艺人，悲欢离合，缠绵悱恻，刀光剑影，九死一生将才子佳人小说。（《刘绍棠文选》）

"声色犬马"是一个聚合词语，其中，"声"为歌舞；"色"为女色；"犬"养狗；"马"为骑马。这四个语素义对于初级汉语学习者来说都颇为简单。在讲解了成分义后，可以让学生联想：什么样的生活会出现这样的景象。学习者不难想象到奢靡的生活作风，等到词义呼之欲出时，再讲解其整体义，"形容寻欢作乐、腐朽的生活方式"（《新华成语词典》，商务印书馆，2002），达到水到渠成的效果。同样，"悲欢离合"可以先讲解成分义：悲伤、欢乐、离别、团聚，然后引导学生归纳出词语的整体义"人生的种种经历、遭遇和感受"。

这样的讲解方式，不但可以让学生摆脱对四字词语的恐惧，而且可以使得词汇教学先易后难、循序渐进，帮助学生理解。

2. 重视聚合词语的语法义教学

词义分为词汇义和语法义，词汇义是一个词语的实在含义，而语法义则是指该词的词类及其所能够充当的语法成分。学习一个词语，除了需要掌握词的实际意义，还需要学会这个词的使用规则。否则，汉语学习者将会在运用时出现错误。例如：

① 他每天很吃喝玩乐，不学习汉语。（留学生作文）

② 我喜欢学习汉语，因为汉语文化非常博大精深。（留学生作文）

例①句中"吃喝玩乐"是一个动词，根据动词语法特征，一般不能受程度副词修饰，因此"很 + 吃喝玩乐"就犯了状语中心语搭配不当的毛病。想要表达动词的频率高，可在前面加上表频率的副词，如"他经常吃喝玩乐"或"他总是吃喝玩乐"。

例②句中的"博大精深"形容思想、学识广博高深，是形容词，具有很高的性状程度，不能再受程度副词修饰。因此同样犯了状语中心语搭配不当的偏误，将"非常"两字去掉，就正确了。

3. 运用对比分析讲授聚合词语

对外汉语教学中聚合词语的对比分析需要在两个方面进行：一是一般词语和聚合词语的对比分析；二是聚合词语正确使用与错误使用的对比分析。

首先，一般词语和聚合词语的对比分析。聚合词语相比于其他词语的优点为：结构工整，内涵丰富，表达形象生动。正确使用聚合词语能使语言更具中国风味。例如：

①首尔里的山区很美丽，而且山也不高，男女老少都能爬到山顶。

②首尔里的山区很美丽，而且山也不高，所有人都能爬到山顶。（留学生作文）

在例①中，"男女老少"是聚合词语，泛指各个年龄层的全部人群，和例②中的"所有人"意思相同。但相比较而言，"所有人"年龄层次感较弱，很难让人感受到汉城山海拔低的特点。但"男女老少"就有所不同，连小孩儿和高龄老人都能爬上去的山肯定不是高山，使语言表达更加形象。

其次，聚合词语正确使用与错误使用的对比分析。学生在词汇学习中有时会出现望文生义的现象。因此，明确严谨地讲解聚合词语含义显得尤为重要。这时可以将正确与错误的词汇使用进行对比，从而规范学生对词义的理解。例如：

① 这篇文章的语言风云月露，读完之后让人心生澎湃、感慨万千。

② 如今他（贾宝玉）在家中只是和些孩子们混闹，虽懂得几句诗词，也是胡诌乱道的，就是好了，也不过是风云月露，与一生的正事毫无关涉。（曹雪芹《红楼梦》）

显而易见，"风云月露"一词在两个例句中的色彩义有所不同，前者是褒义，后者是贬义。根据《中华成语大辞典》（修订版）："风云月露，比喻对社会没有益处的吟风弄月的诗文。"一般用于贬义。例句①中将"风云月露"用于表示文章之妙，使用有误。而例②句中则是贾政批评贾宝玉文章天花乱坠，不着实际，是贬义，使用正确。如此将聚合词语的使用正误对比呈现，可以清楚地告诉学生哪个是对，哪个是错。这比教师单方面强调词汇的正确用法要有效果得多。

4. 将聚合词语放在语境中教学

随着聚合词语词汇化的发展，很多已经出现转义。因此，汉语学习者在学习时，除了需要掌握其简单的基本义，还需要记住深奥晦涩的转义。这时，将讲授的聚合词语放在语境中，可以帮助学生理解这些词语的完整内涵。例如：

① 很久很久以前，下龙湾妖魔鬼怪横行，危害人民。天神知道后，派一巨龙潜入下龙湾，扫除妖魔，为民除害……（《人民日报》）

② 林艳，当地派出所一名普普通通的大学生女段警。她参加工作不到两年，学的是外语，却有一双能识别"妖魔鬼怪"的"火眼金睛"。（《"神眼"林艳》）

《现代汉语词典》（商务印书馆，2012）对"妖魔鬼怪"的解释是"妖怪和魔鬼，比喻各色各样的邪恶势力"。前半句是基本义，后半句是比喻义。在讲解时可以分别放在不同语境中，让学生体会两种含义的区别。例句①的"妖魔鬼怪"出现在了神话故事中，描述了妖怪魔鬼对百姓的侵害，提取的是其基本义。例句②则是将词语放在真实情境中，现实世界不存在妖魔鬼怪，这里是将罪犯比喻成妖魔鬼怪，为比喻义。这样一来，不但将两种含义区分开来，而且在无形中告诉学生词语的使用规律，即在神话故事中多表示原义，在真实生活情境中多表示比喻义。

5. 聚合词语教学中融入文化因素

对外汉语教学不单纯是语言教学，也是文化教学。如常敬宇先生所言："中华民族几千年来认识自然和社会的哲学思想、道德观念、价值观念、审美情趣、民族心态及风俗习惯等，无不在汉语中得到广泛而深刻的反映，并且首先体现在汉语的词汇方面。"词汇作为语言系统的建筑材料，毫无疑问担任着承载中华文化的大任。而聚合词语作为汉语词汇中的独特现象，当中所包含的文化内涵更是不言而喻。这些聚合词语所具有的文化独特性，在一定程度上决定了它使用的局限性。若汉语学习者一味追求用词新颖而忽视了当中的文化内涵，就会闹出笑话。例如，他说汉语很地道，说学逗唱一样都难不倒他。

"说学逗唱"是相声的基本功，不能指一般的语言输出，若汉语学习者不清楚词语背后的所指，随意使用，就会让人摸不着头脑。

除此之外，不同聚合词语可以归为不同类别。教师可以对聚合词语进行分类教学：第一，文学——诗词歌赋；第二，宗教、生老病死、儒道释；第三，建筑——亭台楼阁、楼堂馆所；第四，古代医学——望闻问切、心肝脾肺；第五，八卦易经——子丑寅卯、金木水火土；第六，姓氏名号——赵钱孙李、张王李赵；第七，传统艺术——丝竹管弦、吹拉弹唱、唱念做打、说学逗唱。这样的分类教学策略可以帮助学生梳理聚合词语类别，归类记忆，便于词语的掌握。

聚合词语结构凝固，语义丰富，包含深厚的中华文化内涵，对汉语学习者习得汉语、了解中国有重要意义。在对外汉语教学中，聚合词语教学策略应与其本身的结构特点相结合，对症下药。把握聚合词语整体义大于等于成分义这一特性，将词语进行先分后合式的教学。同时配以词汇义与语法义相结合、语境渗透等教学方法，并为学生讲解当中的文化因素，加强练习，帮助汉语学习者掌握这类词语的用法。

第四章　对外汉语词汇教学的方法与技巧

第一节　词语讲解的方法

词语既是词汇成员又是语法结构单位，它本身具有词汇意义，同时又是语法意义的承担者和体现者，因而词汇教学在汉语教学中占有极其重要的位置，它是学生掌握和扩大词汇量的重要手段，是学习和理解课文的前提，是实际运用交流的基本保障。因此，在词汇教学中如何解释词义，让学生更好地理解词义就需要我们在教学中运用具体有效的技巧。

一、直观释义法

直观释义是借助实物、图片、幻灯片、动作演示等直观、形象的教学手段来解释词义的，它利用语言习得的认知规律，直接把目的语词汇的形音义与具体的物象、情状融为一体，而省却了依靠学生母语翻译这一中间环节，既便于理解，又可加深记忆。例如："角落""背阴""柚子""对联"等词语可通过呈现具体实物让学生一目了然；"兰草""猹""呆滞""飞船"等词语可通过显示其所指事物或情状的图片方便学生理解；通过播放幻灯片来演示"登月""爆炸""火山喷发""繁殖"等概念抽象的词语；"拉""拖""拽""撕"等这些意义相近的词语单靠翻译，是很难区分意义的，可通过演示具体的动作，使学生准确地理解词义。直观的释义方法生动具体，给学生以视觉和听觉的双重刺激，可大大激发学生的学习兴趣。

直观释义法的教学案例

在埃及开罗大学教汉语，教师首先面临一项选择：在母语为阿拉伯语的国家，是否使用英语，以及在多大程度上依赖英语辅助教学，这是一件十分纠结的事。因为学生习惯于用阿拉伯语思维，所以教师精心准备了英语解说，学生却难以迅速准确理解，并产生共鸣。在这种情形下，迫使我们重新审视直观释义教学原则，加强直观释义教学法的运用。这里的直观释义教学既是教学方法也是教学原则，还是一种教学态度，是指在非汉语国家从事作为外语的汉语教学中，调动声音、色彩、动作等一切可感知的方式，利用学生的直接经验和感性体验来学习记忆语言，让留在记忆中的每一个语词都和情绪体验有关，让课堂内外形成与语言习得密切相关的丰富的情绪记忆和直观体验。在埃及进行汉语教学，在可能情况下一切汉语习得都应该尽量用感官获得，贯彻直观释义教学原则就具有了非同一般的意义，这不仅尽量避开英语辅助教学的弊端，而且契合埃及学生的学习习惯。

埃及学生能言善辩，想象丰富，说话生动形象，喜好运用比喻；重视集体主义价值观，班级荣誉感强，乐于服从教师在课堂上的教学导向；擅长直观、形象、具体的感受方式，不习惯精确、严整的逻辑思维……综观埃及学生的个性气质、民族心理、思维方式、价值观念，直观教学法有广泛的适用性。教师在课堂上居主导地位，立足直观教学，有助于发扬其直观感性的长处，避开理性逻辑的短项；调动说话论辩的热情，融入愉快的情绪记忆，顺应学生自然的和文化的习性，这样学生对汉语有趣的看法才会深入人心。采用直观释义教学方法，使用可看到、听到、触摸到的实物或模拟形象，使学生获得语言的感性认知，这样既能集中注意力在汉语的习得上，又可以避免和减少母语与其他语言对汉语学习的影响和干扰，同时促进学生对汉文化的理解，减轻对母语的依赖，也减少教师对外语的依赖，这时候教与学的注意力都集中于汉语本身。结合埃及汉语言教学的实践，下面讲述简易可行、见效明显的直观释义教学类型。

1. 直观释义教学法类型

（1）肢体教学法

用夸张、丰富的手势动作乃至肢体语言发出简捷明确的信号，替代语言符号辅导教学。运用手势和肢体语言的优点是形象生动直观，能够给学生带来轻松愉悦的感受，活跃课堂气氛。比如《上武术课》单元里学习"跑、跳、伸、抬"等动词，借助夸张的肢体语言，结合有声语言，学生在轻松愉快的氛围中记住了这些生词。再由"跑"扩展出"跑步""跑车""跑道"；由"跳"扩展出"跳高""跳远""跳伞""跳绳"；由"伸"扩展出"伸手""伸腿""伸头"；由"抬"扩展出"抬腿""抬头"。学生对"跑"和"跳""伸"和"抬"的语义区分得就很清楚。采用肢体教学法，本来担心受当地文化的影响，学生会有想法。后来发现他们虽然疏于运动，但是喜欢这样的上课方式，对这种动起来学习汉语的方法非常感兴趣，情绪立刻就调动起来了，课堂教学也很容易收到效果。

（2）游戏教学法

用游戏的形式教学，在欢乐活泼的活动、竞赛和刺激中，不知不觉地学到了课本上的语言知识。兴趣是最好的老师，只有感兴趣了，才能充分挖掘自身的潜力，投入精力在学习上。游戏具有两个缺一不可的特性：一是以直接获得快感（包括生理和心理的愉悦）为主要目的；二是主体参与互动。主体参与互动是指主体动作、语言、表情等变化与获得快感的刺激方式及刺激程度有直接联系。例如，用传话听话的游戏强化句型教学。挑选教过的句型，给学生分组，把句子告诉每组的第一个人，然后让他们同时用耳语告诉同组的下一个人，最后一位同学将句子写下来交给老师。比赛哪一组传话写话又快又准确。这一类的游戏有极大的趣味性，竞赛性很强，有明确的输赢标准，并且在一定的机遇前提下，给参赛者以尽可能大地发挥主观能力的空间，在玩游戏时习得巩固语言，在语言习得的过程中玩得开心。再如将"脑筋急转弯"运用到语音教学中，寓教于乐。问：一个足球有几个面？当学生认真地数数的时候，告诉他们正确的答案有两个："里面"和"外面"。此处是利用同音词"面"的不同语音让学生理解儿化"面儿"和作为方位词读作"轻声"时的区别。扩展讲解"上面"和"下面"、"左面"和"右面"。引申讲解方位词中的"前边""后边""左边""右边"等词中"边"的轻声读法。对于埃及学生，"轻声"是一个难点，这样引入"轻声"这个语言现象能让学生较快地掌握汉语特殊语音的发音方法。将"脑筋急转弯"运用到词汇、语法教学中，同样其乐无穷。

（3）情境教学法

何谓情境，就是由教师有意识、有目的地营造和优化的场景，将词语置于合理的上下文中或创造难以忘却的语境，带有一定的情感色彩，具有生动具体的形象，在教学过程中激发学生积极健康的情感体验，在轻松平和、愉快振奋的情绪体验中，有助于内化和深化语言知识，提高学生的学习积极性。情境教学法使学习活动成为学生主动进行的、快乐的事情，从而有效地促进语言认知和语言技能的训练。比如，设计"买衣服"的语境，训练学生在特定语境下灵活自然地进行口语交际。学生运用刚刚掌握的词语和句子，扮演买家与卖家，你一句，我一句，"你帮我参谋参谋""看花眼了""还说得过去""这个好像是为你设计的""不管怎么说"……书本上的语句有了用武之地，成为活泼的语言，这让学生体验到成功感。情境教学法的关键是激发学生积极愉快的情感反应，推动语言认知活动和技能训练活动的深化。换一个角度，也可以设计成"卖衣服"的交际语境，让学生分组设计广告海报，起店名，写地址，构思广告语，考虑服装名称、价格……小组竞赛，可以锻炼学生巧妙进行书面表达的能力。埃及学生天性活泼，一旦情绪被激发，就会非常热情地参与活动，争先恐后地书写汉字，这时候头脑中没有太多的条条框框，能够把语言运用得既新鲜又活泼，常常出人意料。

再如用表演来再现情境，强调内心体验。刚刚学习了新课文，让学生分别扮演课文中的某一角色，进行表演，由于学生在扮演角色的过程中进行了角色置换，课文上的内容不再与自己隔绝，而是设身处地融入课文，这样学生容易对课文中的角色产生亲切感，自然而然地加深了内心体验，然后通过共同讨论总结和分享经验，学生对语言的感悟明显得到升华。进而在真实的语境中交际，培养学生运用汉语的自信，灵活运用学过的汉语知识，解决实际生活中遇到的问题，还能够学到很多书本上没有的新鲜语言。学生处于情境中，置身可感的生活场景，聆听优美的音乐旋律，目睹具体生动的画面和形象，有内在体验的参与，有情感的共鸣，语言习得来得持久、深刻。

除了上述这些直观教学法，还有诗歌朗诵、音乐欣赏、旅游观光等方法，都能够寓教学内容于具体形象的情境之中，潜移默化，寓教于乐。总之，在非汉文化国家教学汉语，教学方法灵活多样，但都要最大限度地以直观的形象展示出来，缩短语言和意义之间的距离，让学生能迅速明了意义，使他们对汉语学习有兴趣。同时，这些直观的形象符合人原有的认知结构，与阿拉伯人偏感性、重形象的思维方式相吻合，这些熟悉的线索像火星一样，点燃了思维，激发了热情，通过思维的内部整合作用，人就会顿悟或产生新的认知结构，掌握新的语言技能，语言学习的乐趣就在这里。直观教学的快乐体验有层次之分，只有最终通往语言的洞见或领悟，才能更加稳固学习兴趣。

2. 直观释义教学课堂的表现

直观不等于简单地看，而是一种有深度的本质直观，教师通过学生的表情、神态、坐姿、手势、说话等可以知道课堂教学的接受效果，可以发现学生的接受理解程度。学生通过直观活动，领悟语言中有规律性的知识点，这不仅给教师以反馈和反思，使教师调整自己的教学内容与进度、改进教学态度、教学方法，而且还会使教学现象中蕴含的认识的、社会的、文化的性质展露出来。对于教师来说，从教学活动中来探知问题，由学生反应而了解学习兴趣，要求教师具有由此及彼、由表及里的整体观。

（1）扩展

教师在与第一个学生完成简单的提问与回答之后，继续扩展问题，更进一步地调动该学生的兴趣而不是用相同的问题去提问其他的学生。如果教师发现使用了新词新句子，立即写下来给学生看，并留给他们带回去继续巩固加深记忆。模拟结束后，教师把记录下来的各组学生出现的病句，拿来统一进行分析纠正。然后，再组织大家一起看书。这样，文章既很快读懂了，又进行了语言练习，学生还感到新颖有趣。

（2）引申

由语言要素的教学引申出语言形式中蕴含的文化习俗和文化背景，或者使学生领会语言字面意思背后包含的象征、隐喻等文化含义。比如学习课文《我喜欢和司机聊天儿》时，埃及学生对此反应冷淡，他们认为出租车司机地位很低，女生出于安全考虑，几乎从不和司机聊天。但是在中国，老北京出身的司机特别能侃，知道很多掌故，是留学生学习语言的"第二课堂"。这种差异是社会因素导致的。

语言形式背后的文化含义差异还受自然环境影响，比如风、雨、雪、月等词语的文化含义就迥异于阿拉伯语。在炎热干旱的非洲，风和雨都很受人们喜爱，且不说树荫下的凉风让人心旷神怡，一年到头难得一两次的降雨，别提多让人欣喜了。但是风雨在中国人心中引起的情感联想更多的是艰难困苦，课文中"风里来雨里去"这句俗语形容出租车司机常年在外工作辛苦，从"风雨"一词，可以引导学生增加对"风雨人生、经历风雨、风雨同舟、风雨飘摇"等关联词语含义的正确理解。

（3）比较

由一个词语的学习，与学生学过的同义近义词做比较，这是学生特别容易产生疑问的地方，在教学中掌握主动，事先做好充分的功课。比如"健康"和"健壮"、"纯洁"和"清纯"、"发现"和"发明"的比较，通过比较加深理解，恰当使用词语；再由成语、俗语、谚语的学习，与阿拉伯文化中的含义相近的俗语、谚语进行比较；或者对汉语的语法与阿拉伯语的语法进行比较。

我们这样认识和思考汉语直观教学现象，取法了现象学所强调的"本质直观"的思想方法，把增进学生汉语言习得的意识建立在直观原则的基础上。胡塞尔认为，本质并不是隐藏在事物背后的东西，在一种反思的态度中，本质也可以成为直观的对象。本质直观方法要求排除一切现在的设定和立场，只承认明证的、自身显现的东西，在对"实事"的感知中，直观事物本质。本质直观理论揭示出在增进语言习得意识的程序步骤上，直观教学不应该止步于一次直观，语言知识的习得和语言技能的掌握需要多次的直观去充实。

在教学中减少非直观因素的介入，才能寓教于乐，直观教学是汉语教学的基本原则，说它是"一切教学原则的原则"也不为过。所以，贯彻直观教学原则的关键在于如何使之发挥到极致，贯彻得越彻底、全面和细致，注重学习者的感觉、知觉、情绪、情感体验以及记忆时的心理活动，不断促进学习者学习和运用语言的认知过程，才越有助于收到良好的教学效果。

二、以旧词释新词

以旧释新是指用已经学过的汉语词汇来解释新词。少数民族学生在学习语言的过程中往往习惯于借助母语翻译，久而久之不能形成用汉语来思维的习惯，汉语水平的提高也受到限制；而且两种语言都有不同文化背景和语法用义，在翻译的过程当中自然也会有偏差，这就导致学生不能正确地掌握汉语词汇的本义；另外查阅汉语词典虽然可以找到较准确的解释，但词典的释义中会有很多陌生的词语，更不易于学生理解和掌握。因此，借助以前学过的词语来解释，即使学习内容简单化，也降低了学生学习新词的难度。例如："品种"一词，可用于植物、动物，还可用于产品，当维语翻译时，学生不能正确把握其中的意思，借助母语学习时就会有误；"提醒"一词在现代汉语词典中的解释为"从旁指点，促使注意"，直接说给学生反而越解释越复杂，可改为"叫做事的人注意，不要忘了要做的事"。以旧词解释新词，不但可以帮助学生摆脱母语翻译的局限，正确地理解词义，而且可以复习、巩固所学过的词语，提高他们的汉语表达能力。

1. 旧词新义的来源

词义是客观事物或现象在人们意识中的概括反映，但它不完全等同于概念，除了基本的词汇意义，它还包括语体、感情等附加意义。词汇意义、语法意义和色彩意义是互相联系、互为一体的，它们共同充当词义的内容 。如水门事件（watergate）发生后，gate 就由原来的"门"的含义变成了丑闻的代名词，因此衍生出很多类似的新词，如 Irangate(伊朗门事件)，表示美国向伊朗出售武器被揭露而造成政府政治危机的丑闻，语法意义是名词，可以充当主语或宾语，具有贬义色彩。可见词义是与当时文化背景紧密联系的一个动态的发展过程，这个特征也决定了词的意义不是一成不变的。

（1）词汇意义的改变

词汇意义的改变往往是词汇由潜性意义向显性意义转化的过程。一个词刚刚出现的时候往往是单义项的，指代某一特定的行为、现象，在反复使用中，词义不断引申、扩大、缩小、转化，其潜在的意义就被开发出来，直到被人们认可成为显性意义。具体表现为专业术语和日常用语的相互转化、抽象意义和具体意义的相互转化、泛指意义和特指意义的转化。

近年来，各行各业的专业术语进入日常生活。如"平台"原指生产和施工过程中为操作方便而设置的工作台。现在比喻为进行某种活动提供支持和保证的领域。

（2）语法意义的改变

有些词在具体的使用中词语功能发生了变化而产生了新的意义，是语法意义的改变。语法意义是在词汇基础上更大的概括，它不是个别语言单位具有的理性物质意义，而是整类语言单位具有的抽象的关系意义。因此，词汇的语法功能更应置于具体的语境中探讨。例如，"劲爆"一词原本是形容词，指"热烈火爆"，如劲爆音乐等。但是我们现在看到了它的新用法，如"某报劲爆 ×× 新恋情"一句中的 "劲爆"被用作动词，解释为"突然公布令人震惊的消息"，而在"加内特五号球衣劲爆上市，绿衫军成为东部冠军首选"一句中，则又被用作副词。英语中的"flame"一词，原是名词，意指"火焰"。现在被用来指"以电子邮件抨击、辱骂他人"，具有动词的语法意义。类似的例子举不胜举，虽然有些新的语法义项在新词典中还未被收录，但说明了语法意义的超常搭配引起词语词性的改变形成词语的新义项，是新词义形成的一个过程。

（3）词彩意义的改变

在不同的交际场合，人们会用不同的词汇来表示对某事物的褒贬评价，即词的色彩意义。词的色彩意义是词义的构成部分之一，包括了感情色彩、形象色彩、语体色彩、风格色彩、时代色彩、外来色彩、民族色彩、地方色彩等多种色彩。通过对色彩意义历时演变过程的考察，可以总结出色彩意义历时演变的特点。有些词描述爱憎、好恶褒贬分明；有些词将褒贬对立的语义兼收并蓄；有些词则受语言活动中的异化现象制约产生褒贬含义。如汉语中的"野蛮"一词在字典中的解释明显带有贬义色彩，但是在"围棋盘前，天元战首局表现很野蛮"句子中，"野蛮"具有了"独特、非一般"的褒义词义。

2. 现代汉语中的旧词新义

旧词新义遵循旧瓶装新酒的方式，不产生新的形式，而是依附汉语原有的词语，通过扩大或变化原有词义的办法实现。这里将 1978 年以前就存在的词语称为"旧词"，"旧词新义"的标准比较宽泛，只要是词形相同，又在原有意义的基础上产生了新的意义，并且这一意义已经比较稳定地在语言中使用，我们就把它看作"旧词新义"，有一点需要特别说明的是，实际上有不少词语产生的时间还很短，为了说起来方便，我们未加区分，也把它们当作"旧词新义"。

（1）旧词改变原义

旧词改变原义是指，由于某种原因，旧词的某个义位在新时期发生了一些变化，社会的发展造成新事物、新现象不断涌现，人们使用旧词去指称这些事物或现象的时候，需要对其意义进行相应的变动，这样才能够更准确地表达信息。例如，"强人"，《现代汉语词典》（1978 年版）释义为："强人，原义指强盗。"如"那姓宋和姓全的两个强人守在洞口，听到'毒针来了'四字，只吓得魂飞魄散，急忙退出"。又如，"从胀痛的空虚里她发出大喉咙来，高声叫喊道：'清平世界，是哪儿来的强人？平白里霸占我的东西，还打我，还捆我？我是你打得的，捆得的？'"可是随着社会的发展，"强人"旧义消失，被新义"强有力的人""坚强能干的人"取代，"强人"用来指能人，而强盗的意思则不用了。例如，"现在是一个女强人纷纷涌现的时代，今天的女性可以从武则天那里汲取到哪些有价值的东西呢？"

社会的发展使旧词语所指称的事物或现象的本质特点在新时期发生明显的改变，人们对其有了新的认知，并因此使旧词理性意义发生变动。

（2）旧词增添新义

旧词增添新义，指旧词在保持原有义位不变的前提下又增加了一个新的义位。具体说是指一些旧词由于某种原因获得了一些新的意义，而且所增添的新义超出了原有的义域范围，不能将它和原义合并，而是需要重新加以概括。也就是说新增意义与原有意义存在很大的距离，人们不能用一个义位去同时概括原有意义和新增加的意义，结果这些新增加的意义就形成了不同于原有义位的新义位，在词典里则表现为这些旧词又增加了新义项。例如，"跳水"，1978 年《现代汉语词典》解释为，水上体育项目之一，从跳台上或跳板上跳入水中，身体在空中做出各种优美的动作。2005 年版《现代汉语词典》又出现了新的意义："比喻证券价格、指数等急速下跌。"如食用油价格大跳水，惊现三年未有"腰斩价"。"跳水"一般是高空跳入水中，下降幅度比较大，因而引申出了"商品价格等大幅度下降"的意义。

旧词衍生新义，主要通过词义的引申、修辞手段的使用等途径来实现。其中，引申和修辞手段（主要是比喻和借代）的使用是旧词新义产生的主要途径。旧词新义最初都是口语词，在人们的口头上流行，变化速度很快，要找到有关它们的翔实的文字记载十分困难，对它们进行规范的难度也很大。在对现代汉语词汇进行规范的过程中，不能武断地拒绝一切变化。一个新的语言成分想要扩大使用范围，进入全体社会成员的交际系统之中，必须经受时间的考验和社会的沉淀。只有那些不低俗、表义明确、有利于人们日常交际的新义，才能被普遍地、长期地使用下去，最终成为一般词或基本词，稳存于现代汉语的词汇系统之中。

三、语素推测法

语素推测法指学生根据学过的词语中的旧语素的意义来推测新词的解释。这种方法在以往的汉语教学中受重视程度不够，教师讲解生词的过程中只给词义，不给字义，不考虑构词因素，不对汉字（语素）和构词法进行解析，由于学生不懂汉语词汇的规律性，也就不能规律地科学利用。他们记忆生词像记忆母语一样，总是从词的整体出发，不知道词中每个汉字都有独立的意义，更不知道能从汉字（语素）的结合中推导出新词的意义。例如，学过"牛奶"一词，但不知道"牛"，明白"笔记"却不懂"笔"，知道"刷牙"却不知"刷"。培养学生根据语素的意义推测词义的能力，对于提高学生的理解、阅读能力很有帮助。例如，学习"登记表"一词，教师提醒学生"表"是已学过的语素，是"表格"的意思，那么"成绩表"就是"写了成绩的表格"。以后再学习"报名表""信息表""统计表"就容易多了。又如"中止"一词，学生知道了"中"是"中间"的"中"，"止"是"停止"的"止"，整个词义就明白了。

四、语境释义法

语境释义法指通过具体的语言环境使词汇意义通过与该词前后的语言信息相互作用而得到方便、直接的体现。在汉语词汇中有些词语有多层意思，它们在不同的语境中体现不同的意义，这就需要学生结合语境分析理解词语的意思。例如，"精神"一词，一种意思是活跃、又生气，另一种意思是英俊、相貌身材好。教学时我们只需要举出两个例句，就能让学生马上领会该词的意思。即：第一，这个孩子眼睛大大的，很有精神；第二，看这个小伙子长得多精神啊！

1. 言内语境与词语释义

言内语境又分为句际语境和语篇语境两种，也就是上下文语境。所教词语所处语境可大可小，可以是短语，可以是单句，可以是复句，可以是语篇，等等。最小言内语境体现为词与词的搭配。例句设计时应充分考虑该词的意义和搭配情况。比如解释"起飞"一词，我们可以设计如下的上下文语境。

① 飞机起飞。

② 飞机 8 点起飞。

③ 飞机从哪儿起飞？

该语境一方面对显示"起飞"一词的意义有重要作用，另一方面对留学生把握该词的使用方法及语用条件都有帮助。言内语境本身就是比较稳定的，是显性的。一切与词语释义相关的语境因素都要借助于言内语境，通过言内语境来彰显，也是留学生借以理解词语意义的最直接的媒介。

2. 言伴语境与词语释义

言伴语境又分为"现场语境"和"伴随语境"两种。第二语言教学要求教学过程交际化，通过交际化的课堂行为培养学生言语技能、言语交际技能，这必然要求我们在设计例句时充分考虑现场语境（时间、地点、对象、场合、境况、话题、事件、目的等）和伴随语境（语体、风格、情绪、体态、关系、媒介等）。积极灵活地运用这些因素，才能使设计的例句贴近留学生生活、调动学生学习的兴趣和积极性，才能更有实用价值。比如解释"管用"一词，如果你知道班上某位同学经常肚子疼，我们就可以这样设计：

"A 同学经常肚子疼，吃了药就不疼了，这种药很有效，那么我们可以说这种药怎么样？"学生很容易回答出来："这种药很管用。"这样设计例句的好处一方面将"管用"一词的意义、用法显示出来，另一方面例句中涉及的人是大家都熟悉的，有身在其中的熟悉感，贴近学生的生活，学生觉得学了能用得着，不枯燥，能调动学生的学习积极性。

现场语境处于半隐性状态，较易于显性化。对于我们所要教授的某个具体的词，我们应该考虑该词出现的典型语境：该词常出现在什么场合，常用于什么对象，时间、地点有何要求，等等。在设计具体语境时，将与该词相关的现场语境因素变为显性的上下文语境，从而起到词语释义的作用。伴随语境（语体、风格、情绪、体态、关系、媒介等），经常体现为非言语性因素，一般不需要转变为上下文语境。在解释词语意义时，充分发挥这一类语境因素的作用可以收到事半功倍的效果。例如学习"敲"一词，我们就可以做出"敲"的动作来学习。

3. 言外语境与词语释义

言外语境又分为"社会文化语境"和"认知背景语境"两种。社会文化语境包括文化传统、思维方式、民族习俗、时代背景、社会心理等因素；认知背景语境包括整个现实世界的百科知识、非现实的虚拟世界的知识等因素。言外语境是内隐式的，最不易把握的。在设计例句时，教师应该充分考虑到学习者的认知能力和对中国文化知识的了解，将足够多的背景信息显性化，变为上下文语境，让学生了解所教词语的语义背景和文化内涵，便于更好地理解把握该词语。

4. 语境翻译

由于词汇在具体的语境中被人为地添加了很多文化背景因素，特别是一些词汇其具有的新含义已不等同于它们的基本含义，从而使同样的词汇在不同的场合表现出不同的语用目的，也给交际双方造成了理解上的困难。怎样才能正确地理解这些语义新词并恰当地翻译则要考虑这些新词所处的语境。胡壮麟把语境分为三类：语言语境、情景语境和文化语境。

（1）根据语言语境翻译新义词

语言性语境即上下文，指对词语或话语语义产生制约作用并具有密切关系的相邻词语、句子、段落乃至章节。未进入语篇的字、词、句是孤立的，但是一旦进入某种特定语境，其意义便明了了。语言中的词汇与词汇之间相互联系、相互依存，它们都处于词义系统之中。语境可提示和帮助人们从语言意义推断出相应的语言内容。

"-ism"后缀基本意义指代"……主义"。英语中由其构成的新词渗透到社会科学和自然科学的方方面面，并且被赋予不同的含义。翻译时不可能一成不变地把"-ism"只译成"……主义"，而要根据不同的语境灵活处理。如：

① The government campaign against "ageism" was stepped up this weekend with a call for employees to avoid discrimination against the elderly in job advertisements. 根据上下文，"ageism"的含义是"discrimination against the elderly"，因此，本句应译为：本周，政府进一步开展了年龄歧视的运动，要求雇主在就业广告中不要歧视上了年纪的人。

② His son is stuck in a limbo of nonism. He gave up drinking, drugs and caffeine, meat, sugar, dairy and wheat products, and sex.He is depressed and lethargic.

从上下文的语言环境可分析出儿子放弃了一切爱好和瘾性，"-ism"显然是这一切的归纳和概括，因此可翻译为"……主义"。本句应译为：他的儿子迷上了戒绝主义。他戒酒、戒毒、戒咖啡因、戒肉、戒糖、戒奶制品及小麦制品，还戒色。他的情绪低落，无精打采。

相反，汉语的概括性较强，因此同一概念在英语中却有不同的表达方式。不同的说法在具体的语言语境中所翻译的语也有所不同。如"一次性"是近年来出现的流行词语，搭配能力较强，与各类词语搭配形成新的语境词义，在翻译的时候也应视不同的情况做不同的处理。如：

① 借款人可以提前一次性偿还全部贷款，也可以提前偿还部分贷款。"一次性偿还贷款"可译为"non-installment"，即不需要分期付款。本句应译为：Borrowers may pay off all the loan at a time in advance, or part of it.

② 开发的这种新型材料，很有可能会对一次性包装材料市场产生影响。本句中的"一次性"具有不可回收性。本句应译为：The new developed material is likely to exert great influence on the non-returnable containers.

（2）根据情景语境翻译新义词

所有的社会交际活动都是在一定的时间和空间中进行的。一个词的话语意义不仅由语言因素来确定，而且还由词汇和话语所出现的情景来确定。情景语境是产生语言活动的环境，它包括时间、空间和语言交际参与者，翻译时我们可以从语场、语旨、语式等方面加以分析，判断新词的正确含义。如：

① 自从她知道（丈夫出轨）真相后，一切都改变了。那一刻她大脑死机。

根据情景语境的分析，此句描述了她知道丈夫出轨后的复杂心情和反应，文中的"电脑死机"并非真正的"system halted"，而是用来比喻人的大脑一片空白，形象地描绘了大脑停止思维的恍惚状态。本句应译作：

The moment she found out the truth, everything changed and her mind went complete blank.

② For most of the past two years, Islamuddin hopscotched across Asia, slipping in and out of Pakistan, Indonesia and Thailand, hiding in safe houses and eluding pursuers from several countries, including the US.

"Hopscotch"一词原为儿童跳房子的游戏，词性为名词。根据情景语境，本句描述了 Islamuddin 在亚洲各国之间来回逃窜的狼狈相。句子改变了"Hopscotch"词的语法意义，巧妙地用作动词，既完成了旧词语法功能的转变，又具有很强的形象色彩。本句应译作：过去两年大部分时间中，他在亚洲各国东躲西藏，穿梭于巴基斯坦、印度尼西亚、泰国之间，躲藏在安全的房屋里，逃过了包括美国在内的许多国家的追捕。

（3）根据文化语境翻译新义词

文化语境即语篇所涉及的文化社会背景。就文化语境翻译来说，翻译是译者把负载着文化信息的原语语篇进行加工处理，然后转换成译语语篇的形式从而完成文化移植的过程。词语新义项的出现或多或少地打上了民族特色文化的烙印。而这些词在翻译的语中却没有完全对应的表达方式。这时，只有以文化语境为依据，才能推导出寓意于语境的词义。在这种情况下，译者需要查阅资料、了解文化背景，才能准确地将原文的内容传译到译文中。如：

① 绿色奥运，人文奥运，科技奥运。

显然，"绿色""人文"和"科技"不应该仅从字面上来理解为"green""people""High-tech"。因为在这句话中，"绿色"指的并非是颜色而是环境保护；"人文"并非单纯指人而含文化之意；"科技"指的是在奥运会中运用高科技的装备或技术。透彻地理解后才能表达出符合中国当代的文化气息和奥运精神。本句应译为：

Environmental-friendly Olympics, Culture-enriched Olympics, and Technology-empowered Olympics.

② "You chicken!" he cried, looking at Tom with contempt.

"chicken"一词本指鸡，是中性词，在汉语中是吉祥之物，深受人们的喜爱。但由于人类生活环境、生活习俗、宗教信仰等诸多不同，在长期的历史演变过程中所形成的词义的引申有着较大差异或完全不同。这里的"chicken"已被赋予了不同的文化内涵，变成一个贬义词，意指"胆小怕事的人"，本句应译作：'你这个胆小鬼！'他轻蔑地看着汤姆嚷道。"可见，相同的词语在不同的文化背景下意义会发生相应地改变。在翻译时考虑到文化背景，则不会出现语用失误。

新词的出现，尤其是新义项的增加给人们的交流带来一定的障碍。仅从表面来看该词往往产生错误的理解。因此，语境在信息传递中至关重要，是理解与表达的重要依据。翻译的基础是对一定语境中的词义的定位与把握。词汇离开了它所依赖的语境，就难以确定其意。翻译这些带有新义项的旧词必须从语境探索入手，以语境为依据，正确进行词义的选择，译文表达也必须密切联系语境，以达到"准确、达意、传神"的目的。

五、近（反）义词对比法

近（反）义词对比法是指将学过的词义相近（反）的词与新词进行对比学习，向学生讲清它们的共性与个性。学生随着汉语词汇量的增加，碰到的近义词会越来越多，若不对近义词做适当的比较，会直接影响学生比较准确、得体地用汉语组织语言进行口头或书面交际。

1. 在近义词对比中解释词义

汉语有大量的近义词，这是汉语丰富成熟的表现，但同时也给汉语教学带来难度，尤其是对外汉语教学。越往后学越会碰到更多的近义词，外国学生经常问的问题是："老师，这两个词有什么区别？"为此，对外汉语教师首先要掌握近义词辨析的一般思路，大致从三个方面去思考。

（1）词语的基本义，即理性意义的细微差别

① 词义的侧重点。例如，"创造"和"制造"，虽然都是"造"，但"创造"出来的是以前没有过的，"制造"出来的是都是已有的。

② 语义的轻重。例如，"失望"与"绝望"。

③ 词义范围的大小。例如，"生命"可指人、动植物及其他事物（艺术生命），"性命"只指人的生命。

④ 词义的具体和抽象。例如，"书"是具体名词，"书籍"是抽象名词。

（2）词语的色彩意义的细微差别

① 感情色彩。主观态度有褒贬，如"后果"和"成果"。

②语体色彩。例如，"虽然"和"别看"；"医生"和"大夫"。

（3）词语的句法功能的细微差别

①词性。例如，"偶尔"是副词，只作状语；"偶然"是形容词，可以作状、定、补语。"大概"兼副词、形容词和名词；"大约"只作副词。

②搭配对象。例如，"旅行"是不及物动词；"游览"是及物动词可带宾语。"发扬"与"风格、作风"搭配，"发挥"与"作用、优势"搭配。

③造句能力。例如，"万万"和"千万"虽都是副词，但"万万"多用于否定句，而"千万"就没有此限。

④构词能力和构形能力。例如，"重要"可与"性"组成"重要性"，而"主要"不能。"高兴"可以重叠为"高高兴兴"，而"愉快"不能。

还需要强调一点，郭志良指出："对外汉语教学同义辨析对象的范围不仅大于同义词典词义辨析对象的范围，也大于汉语教学（指对中国学生的语文教学）词义辨析对象的范围。"孟祥英、赵新、李英、张博也都认为对外汉语近义词辨析对象范围应该扩大。中国人认为并不是近义词的，诸如"赶忙／赶着／赶去""继续／一直""这年／今年""合适／适合""报／报纸""可不可以／能不能""一点／一下""和／而且"等，在外国人看来都是近义词。如果两个词有某种相同的构词成分，或者词义诱发某种联想，都有可能诱发外国人形成所谓的汉语"近义词"。

因此，对外汉语教学必须善于在近义词的对比辨析中解释词义。首先，教师在备课前依据教学经验预测本课生词与以前学过的哪个词语会构成留学生思维中的汉语"近义词"。然后再考虑留学生的汉语水平，怎样才能浅显易懂、简单实用地解释两个近义词的差异；词义辨析不必面面俱到，需抓住主要矛盾，简明扼要、触及关键地解释词义。教师的近义词对比解释能使留学生在当堂课就会造句辨别使用，一般说，就基本达到教学目的了。

2. 在反义词对比中解释词义

"在反义词对比中解释词义"指的是用已学的反义词的否定形式来解释生词的词义。例如，"活"就是没"死"；"斜"就是不"正"；"完整"就是没有"残缺"；"缺席"就是没"出席"等，这样解释简单清楚，留学生容易接受。但必须强调一点，用反义词的否定形式来解释词义的办法仅限于两个意义上完全排斥的绝对反义词，有中间状态的相对反义词不可以这样来解释。例如"大"不能解释为不"小"，因为有不大不小的中间状态；"冷"不能解释为不"热"，因为有不冷不热的温和状态；"苦"不能解释为不"甜"，因为有不苦不甜的其他状态。

对外汉语教师在教学中还要善于利用一些对举的熟语以强化词语的相反相对。例如"虚心使人进步，骄傲使人落后""勤劳使人致富，懒惰让人贫穷""生当作人杰，死宜为鬼雄"等。由于这些熟语朗朗上口，留学生很容易在反义词的对举对比中明白词语的意义。

有些词汇在不同语境中与和它构成反义的词语不同。例如"骄傲"在某些语境中，它的反义词是"谦虚"，而在另外一些语境中，它的反义词是"自卑"。可以利用它的各种反义关系来分别义项，注释出它的意义。"骄傲"就是不"谦虚"，即自高自大；另一个语境义，"骄傲"就是不"自卑"，即自豪。因此，利用反义词可确定多义词的不同义项，有利于留学生掌握汉语的一词多义。

3. 在汉语与学生母语的词汇对比中解释词义

戴浩一认为："每一种语言有不同的概念化。"受生理、心理、社会文化、历史的影响，概念结构因不同民族语言而不同，如颜色词汉语分七段而英语分六段，就是概念结构、思维方式、民族特殊性的表现。概念结构、思维方式的民族差异导致词汇系统的差异，除了科技术语、事物名称等少数单义词外，两种语言里很少有意义、色彩等都完全等同的词。例如"雪"与"snow"就不完全对应，因为英语的"snow"还有动词下雪的意思，而汉语"雪"只有名词的意思。正因为绝大多数词汇语义、语用都不完全对应，生词学习用直接翻译法是不可取的，必须在汉语与学生母语的词汇差异对比中解释生词的意义。

例如，美国学生造出"我家的小狗很胖"的病句，原因就在于英语中没有与汉语"肥"对应的词，只有一个既适用于人也适用于动物的通用词"fat"；而汉语通常不会用"肥"来形容人，也不会用"胖"来形容动物。

又如，英国学生造出"我和玛丽，和约翰，和露西都是英国人"的病句，原因就在于他把"和"的英语对应词"and"等同起来了，汉语的"和"在连接多个并列成分时一般只放在最后两个词语中间。

再如，韩国学生造出"如果你不听老师的意见，结果自己负责"的病句，原因就在于韩语中有"效果""结果"，但没有表示贬义的"后果"这个词。

为此，对外汉语教师要加强汉外词汇的对比研究，善于简明扼要地指出汉语词汇与其对应的学生母语对应词的语义、语用差异，在汉语与学生母语的词汇对比中解释词义。

六、归类解释法

根据词义有概括性和模糊性的性质，对一些比较简单但又不好解释的词语可以采用把需要解释的词语进行归类的方法进行笼统的解释。如"杉树"是一种树木、"轮船"是一种海上交通工具、"马甲"是一种服装，这样概念性地解释有助于学生对词汇的正确归类，至少知道大概是一种什么物质，用于哪些固定领域。

1. 部首归类的教学法

汉字的构字特点为汉字教学提供了一个简便有效的教学方式，就是我们可以把有相同部首的一类字归并到一起，统一教学。如与树木有关的汉字一般都带有"木"字旁，如枝、梁、材、杨、柳等。这样的字，教师可以先给大家讲清楚偏旁所代表的含义，然后把这些字一一列出，通过类比的方法让学生既发现这些汉字的共同点，又节省学习的时间和精力。或是通过教一个字，带一组字、一批字，如教"仓"字，可以带出苍、沧、舱、创、抢、枪。这样，识一个就可以认识一大串，达到增识汉字的目的。这样的教学方法简单归结起来就是：习得所有的偏旁部首——掌握各种典型结构的汉字——大量识字。这种汉字部首教学法的基本条件是要求学生先牢固习得汉字的所有偏旁部首。这看似既枯燥又难以掌握，但是如果对此问题仔细分析，我们就会发现，除去 7 种基本汉字笔画和 142 个单体字部首之外，还剩 77 个所谓无意义的偏旁部首几乎与日语的字母假名数量一样多，完全可以用分类组合、逐一命名的方式加以学习掌握（如点组部首——两点水、三点水、四点底等；盖组部首——宝盖、秃宝盖等），在此基础上再学习 27 种基本的汉字结构方式，每种结构方式都以典型的常用汉字进行教学（如上下结构——歪、只；左右结构——什、泡；包围结构——回、同），这样能让学生既学会汉字的所有结构方式，又掌握一些常用字，可以说除了极少部分根本不规则又缺乏明确的部首组合方式的字以外，学生可以写出基本的汉字来。

2. 汉字多音字的教学法

长期以来，外国学生在学习现代汉语多音字时，会遇到许多困难。例如，"长"可以读成 cháng，也可以读成 zhǎng，对于这种情况，教师应该为学生提供至少两种读音的通常使用状态。例如：学习长（cháng）的时候，教师需要给学生列举"长"的各种常用组词，如长处、长寿、长沙、长征、长效等；学习长（zhǎng）也同样，可举例长大、成长、长（zhǎng）长（cháng）、长者、长子等。列举完常用的这些组词后，再总结长（cháng）在通常情况下是形容词，而长（zhǎng）可以是动词也可以是形容词。二者词性和用法的区别不必讲得太复杂烦琐，重要的是掌握一些常用的固定组合，这样在通常情况下就可以分辨二者的读音了。采用这种教学方法，可以强化识字效果，拓宽识字途径。而对于那些不太常见的组合方式，教师大可不必教得那么详细。如果学生在具体环境中遇到了没有见过的多音字组合，不知道该怎么读，教师就可以及时提示大家，以使学生在学习过程中积累更多二者的用例。

3. 辨析形似字的教学法

形似字辨析在对外汉语教学中可谓是个难题，但是如果能将一组易混的形似字归在一起，根据构字规律，编成一些特点突出、易于理解记忆的短句，则可以化难为易，使学生对形似字印象深刻。如"体"和"休"：人的本钱是身体，人在树边是休息；"未"和"末"：未来岁月下面长，末日到了下面短。要区别"采"与"彩"，关键在于辨清这两个同音字的字义。"采"主要表示人的容貌、姿态、神情和精神境界，如神采、风采、文采、兴高采烈等；"彩"则主要表示颜色，在与颜色有关的词里，都用"彩"。

由于"彩"字有这样的特点，在黑板上写这个字的时候可以把右半部分的三个撇分别用红黄蓝三色写出，这样学生在使用跟色彩有关的字时，就会想到这个有三个彩色撇的"彩"。接下来再把这个字的常用组词列举给大家，如色彩、彩云、彩虹、五彩缤纷等。"剪彩""张灯结彩"中的"彩"都指彩色的丝绸之类；"彩礼"指订婚用的各色财物。"彩"有时不表现色彩，如精彩、多姿多彩，是表示出色、多样的意思。还有"喝彩"表示称赞、夸奖的欢呼声，"挂彩"表示负伤流血，"彩排"表示演员化装排练，这些词中的"彩"都不直接表示颜色。

"光彩"本意表示颜色、光泽，后常用来表示光荣的意思。运用这样的方法，既能使学生在主动思考的条件下记住一组形似字，又很好地提示了大家这一组字的主要区别，可以让学生感到生动有趣的同时对这组字印象深刻而清晰。教形似字的时候还有一种好方法来帮助学生辨别形似字的读音，即编歌谣，如《小青蛙》这首歌谣：河水清清天气晴，青青草地飞蜻蜓。稻田处处呱呱叫，小小青蛙大眼睛。保护禾苗吃害虫，做了不少好事情。请你保护小青蛙，它是庄稼好卫兵。青——清、请、晴、蜻、情、睛。这样一首朗朗上口的歌谣包括了"青"组字的大部分读音。通过这样的方法，学生可以在辨析这组形似字的意义的同时掌握它们相似但又不完全相同的读音。

4. 汉字形变教学法

一切文字都是从原始人的记事图画发展而成的，记事图画应用的方法就是文字始创始阶段的表形文字。对于这样的表形文字，我们可以采用将古文字逐渐变形到现代汉字的方法帮助学生学习汉字。教师先在黑板上画出甲骨文图形，再给学生讲把这个甲骨文逐渐变形为现代汉字的办法，让学生加深对这个汉字由来和字形的理解。其他的如云、雨、气、山、泉、马、瓜、石等都是"画成其物，随体诘诎"的象形字。学生认识这些字，可以跟相应的事物联系起来，把一个个不可捉摸的符号变成一幅生动的写实画面。这可以把一些无意识的符号变得生动有趣，可以收到事半功倍的教学效果。

教学有法，但无定法。传统方法不能都否定，任何新的教学方法都是传统方法的继承和发展。同时，以上方法只是笔者的一点粗浅见解，也不可能解决所有的词语解析问题，但愿能抛砖引玉，为汉语词语讲解的教学及研究提供一些参考。

第二节　词语练习的方法

词语除了课堂上简单的认知外，还需要经过反复运用、记忆才能掌握牢固。教师平时上课要有意识地将前面教过的词语吸收到课堂用语中，加深学生印象，词语练习、巩固的方法、技巧多样化也很关键。

一、朗读法

朗读是指"自觉运用语音技巧对书面语言进行艺术加工。把视觉形象变作听觉形象，准确生动地再现书面语音所表达的思想感情"。汉语是一种非常有韵味、非常有美感的语言，而这种韵味、美感是非朗读、吟诵不能体味的。很多外国人说汉语的时候之所以"洋腔洋调"，就是因为他们没能把握汉语的神韵。对外汉语教学以培养汉语交际能力为目的，如果培养出的学生不能说一口地道的汉语，那么，教学就不能说是成功的，而朗读对听说以及阅读能力的培养具有不可替代的作用。

1. 朗读与朗读教学

何谓"朗读"，"朗"即"明亮""响亮"之意。"朗读"即"清晰响亮地把文章念出来"。依此，朗读的本意就是响亮、大声地念（读）出来。《简明心理学辞典》对朗读做出了这样的界定："朗读是通过言语器官将所感知到的文字材料念出来，并由听觉器官把信息传达到大脑以达到理解的阅读方式。"显然，以上从词典意义、心理学视角对朗读的阐释都不是语文教学中"朗读"的应有之义，没有抓住其最本质的内涵。有人认为语文教学中的"朗读"应该是文本信息的口语再现及再创造，它不是见字读音的直觉过程，更不是简单的文本声音化。朗读既是一种阅读理解、体味欣赏活动，更是一种文学审美活动，也是阅读教学的重要内容和语文技能训练的形式之一。它不仅仅是"阅读方法"，更是学生"传达与表现理解"的重要方式。但是，笔者认为对外汉语教学中的朗读与普通语文教学中的朗读不同，对外汉语教学中的朗读要求应该比普通语文教学中的朗读要求低一点。在对外汉语语音教学中，朗读应该是用标准的普通话将书面语言大声地并带有一定感情地读出来，在朗读的过程中加强对文章的记忆，体会文章的情感，感受汉民族文化的内涵。

对外汉语教学中，朗读教学与朗读既有联系，又有区别。朗读教学离不开朗读，朗读无疑是衡量朗读教学活动的一个标尺，学生朗读能力的高低一定程度上也体现出朗读教学的水平高低。但朗读不等于朗读教学，绝不要误以为只要有了"琅琅书声"，有了朗读的形式就必有朗读教学。在对外汉语教学过程中，朗读教学就是通过教师的讲授、示范和辅导，学生在对汉语的语调、重音、停顿、节律等有所了解，并进行一定量特选教材带有感情地朗读，学习朗读的基本知识和一定的朗读技能，达到加深记忆、熟知课文、更好地接受汉民族文化的目的。

2. 朗读在对外汉语教学中的功能

（1）监听纠正

朗读最重要、最基本的功能就是监听纠正。有些聋哑人经过艰苦的努力，最终也能够学会说话，但听起来总有些怪怪的，其原因就在于他不能进行自我监听和纠正。留学生在朗读的过程中，如果细心辨别，就能够发现自己的读音和教师的范读的差别，继而进行自我纠正；也可以通过教师对其朗读的监听，进行一些必要的纠正，天长日久，留学生的语音、语法甚至一些语用的水平都可以得到不同程度的提高。对留学生来说，语音，尤其是声调和语调，是他们说出的汉语地道与否的重要标志，其中，上声、去声和整个语句的音高变化又是他们所说汉语是否带有"洋腔洋调"的标志。在朗读过程中进行有意的模仿和揣摩并注意监听和纠正，是训练声调和语调的最有效的办法，这些都是其他教学手段难以解决的问题。

监听纠正可以分为自我监听纠正和他人监听纠正两种。自我监听纠正是在朗读过程中充分调动自我积极性，对自己所读出的声音进行有意识的监听和辨别，发现错误及时纠正。这是极其重要的方法，因为这一方法随时随地都可以使用。他人监听纠正是通过他人对朗读过程的监听，发现错误并进行纠正的一种方法。他人可以是教师，也可以是同学或其他汉语水平较高的人。通过"朗读—监听—纠正"这一过程的不断循环往复，学生的朗读水平自然会得到不断的提高。朗读水平的提高必然会带动听力、说话甚至阅读理解能力的提高。

（2）培养语感

① 朗读的另一重要功能就是培养语感。

吕叔湘（1987）认为："人们常常说语感，这是个总的名称。里边包括语义感，就是对一个词的意义和色彩的敏感；还包括语法感，即对一种语法现象是正常还是特殊、几种语法格式之间的相同相异等的敏感；当然也包括语音感，有的人学话总是学不像，就是因为对语音不敏感。"朗读不同于说话，但朗读对说话很有帮助，大声朗读可以增强语音、语义和语法的感受力。一篇词汇丰富、语言精彩的文章，如果能反复诵读，朗朗上口，熟读成诵，那么，文章的语言就可化作自己的语言。朗读可以培养语感，形成良好的运用发音器官的习惯。朗读是一种反复的口头训练。学习任何一种语言都应重视朗读训练，让受训者的发音器官习惯这种语言的发音。反复朗读，不仅练习了汉语发音，更重要的是习惯了汉语语言要素的组合规律，形成了正确的语感。因此，语感的获得必然要通过大量地接触语言，在反复实践和不断的社会交往中，语言水平就会得到提高。

② 语感主要包括语音感、语义感、语法感和语用感。

朗读是把书面语言转化为有声语言的再创造活动。朗读作品，首先要注重语音规范，这是朗读作品的基本条件。唯有把语音读准，才能准确地传达出原作的思想内容。在培养语音感时，一些绕口令可以增强学生的辨音能力，也可以把发音相近的句子，如"肚子饱了"和"兔子跑了"等让学生反复地进行朗读练习。在此基础上，才有可能把学生的朗读能力提高到一个更高的层次，使朗读具有艺术的魅力。

语义并非仅仅是字面的意义，语义是由声音、语调、表情等最终决定的。比如，一个简单的句子：谁？用一种懒洋洋的声音说出来和用一种非常警觉的声音说出来，或者用一种非常愤怒的声音说出来，意义是有天壤之别的。使用升调还是降调，带有什么样的表情，都最终决定了你所想要表达的意思。"几个女人有点失望，也有点伤心，各自在心里骂着自己的狠心贼。"（孙犁《荷花淀》）这里的"狠心贼"可不能用一种恶狠狠的语调读出来，否则就与原作所表达的思想感情有出入了。它应该是一种嗔怪的、有无限柔情的语调。这时，这个"狠心贼"其实与英语里的"darling"意义相差无几了。

在对外汉语教学中不能大讲特讲语法，除了进行精讲活练以外，培养语法感的最有效手段就应属朗读了。进行了大量朗读练习之后，语法就会内化为自己的语感，既不会说出状语分句在后的欧化句，也不会把定语放在中心语之后。

③语用感的培养更是离不开朗读。

不管教师对语用知识讲得多细多深，要想让学生真正把握，还必须让他们在现实交际中进行运用。对一些作品进行了反复朗读、细心揣摩之后，该如何提出问题，该如何进行回答，有了上句，该如何接出下句，往往都不是靠教师的讲解所能解决的。曾经有个学生造出这样的一个句子："我们老师跑得比狗还快。"教师责备说："这是说的什么话？"学生回答说："普通话！"教师被气乐了。在汉语中，"狗"的感情色彩与英语完全不同。通过朗读，大量接触到有关"狗"的词语，并悉心揣摩，就能够正确掌握其用法。"这是说的什么话？"是用一种疑问结构表达一种责备，只有进行反复朗读，正确掌握它的语音、语调，才能真正理解它的真实语用意义。

（3）体味韵律

汉语是有节奏韵律的语言。"节律"的语感是对言语深层的解读和认知。汉语节律包括停延、重音、句调、基调和节奏等，存在于音节、音步、气群、句调、句调群、段落和篇章的不同层次中。由于节律大多没有书面标记，有不少信息便流失了。所以，朗读作品只有通过"字里码"和"节律码"的双重编码，也就是通过节律朗读，才能把作者隐含在"字里行间"的思想感情读出来。节律朗读还产生了语音链上的音乐美，学起来轻松愉快。无论是母语教学还是对外汉语教学，采用节律朗读教学法，便可有效地培养学生的语感，提高学生的汉语理解能力和表达能力。

汉语语音不仅是传达感情、塑造形象、传递信息的元素，还是表现汉语韵律美的有效手段。古人读书时，读到佳妙处，常常是摇头晃脑、拊掌击节，所读之物，仿佛从他心中流出，优美的韵律使人进入一种忘情的境界。参差错落的，整齐对称的，激昂高亢的，低吟浅唱的，如泣如诉的，幽默诙谐的，端丽典雅的，庄正朴实的……各有各的节奏，各有各的韵味。这些都需要在朗读课上、在大量朗读练习中使留学生加深印象，并逐步理解和体味。韵律为声情并茂的朗读提供了基础。对留学生来说，过分苛求他们表达上的完美无缺，是勉为其难的事情。然而，大量的朗读练习，不断的体验感受，为汉语学习所带来的好处是显而易见的。同时，只有让留学生体会到汉语的音韵之美，才能增强汉语的吸引力，提高他们学习汉语的兴趣。

（4）感受结构

汉语具有独特的结构，比如名词谓语句、形容词谓语句、主谓谓语句等。汉语中的对称现象特别普遍，从词汇的构成，到音节的配合，再到句子的形成，无不体现了对称美。汉语的对称美与古已有之的对立统一的思维习惯以及对称和谐的文化心理是分不开的。汉语的各级语言单位在使用时都特别讲究对称。很多的组合既符合语法，也符合逻辑，却被认为是不妥的，主要是因为结构没有达到对称的要求。比如，"红花绿叶"，如果说成"鲜红的花和绿叶"就会觉得很别扭，但说成"鲜红的花和碧绿的叶"就没问题，因为这属对称和谐的结构。词语的双音化充分地体现了对称的要求，词内呈现出完美的对称。为了达到对称，不管是单音节词，还是多音节词都呈现双音化的趋势。

在句子方面，不管是句内，还是句外，都非常讲究结构的对称性。单音节与单音节连用，显得和顺整齐；双音节与双音节搭配，显得铿锵有力。如果单双音节混合排列，就会不顺畅。因此应特别注意音节配合。例如："一眼望去，疏疏的林，淡淡的月，衬着蓝蓝的天。"其中，"疏疏""淡淡""蓝蓝"都是重叠式的合成词，"林""月""天"都是单音节词，前后对称，音韵和谐，充分体现出汉语的和谐对称之美。而这种美也只有通过正确的朗读才能充分地感受、体会、领悟和掌握。这种对称也和前面谈到的"节律"密切相关。

总之，朗读可以帮助留学生进行有效的监听纠正，并培养他们的语感。朗读能够让他们充分体味汉语韵律并感受汉语结构，对他们的听说以及阅读能力的培养会起到非常积极的作用。因此，在对外汉语教学中，应当积极研究指导学生朗读的方法，激发他们对汉语的兴趣，从而有效地提高他们的汉语水平。

3. 朗读的主要形式

（1）齐读法

齐读可以提高教学效率，亦能满足不同层次学生的学习要求。由于每堂课的时间有限，让每一个学生在课堂上独立读几乎不可能，齐读则可以解决这一问题，使学生在短时间里能反复朗读。如读得整齐，完全可以发现个别学生的错误。同时，琅琅的读书声产生的美感和语音刺激往往能激起学生更强的朗读欲望，从而形成学习的良性循环。另外，齐读亦能满足不同水平的学生的学习要求，在朗读的过程中，基础差的可以只认读字词，训练发音；基础好的可以领会揣摩词句的意合规则、语句的表达，基础更好的可以体味句段结构和第二语言的思维惯式。

（2）个性朗读法

个性朗读法也就是点名或自告奋勇的个性朗读，它在很大程度上弥补了齐读的局限性。面对文质俱佳的文章或孕育丰富感情因素的片段，个性朗读，不但能加深学生对文章的感悟理解，激发学生的个性情感，而且朗读过程本身就是一个再创造的过程，一个把抽象的文字符号转化成有声有色、有情有状的物化形象的过程，化知识印象为能力积淀，从而在潜移默化中丰富了学生的情感。

（3）角色分读法

角色分读法，它在学生提高朗读兴趣、训练学生朗读思维、丰富学生想象能力方面起着重要作用。学生通过角色分工，多人合作而完成一篇课文或片段的训练，在活跃课堂学习气氛，调动学生学习语文的重要性、主动性的同时，加深了学生对角色人物的性格把握，完成了对角色人物的审美过程。一次高质量的角色朗读，甚至可以代替烦琐的课文分析，化繁为简，让主体在充满激情的角色体验中品味语言，驾驭情感，领会主旨。当然，分角色朗读有一定的适用范围，对文章有一定的要求，以不同人物的不同语言展现各异性格特征的选文比较合适。

在对外汉语语音教学中，我们要对朗读教学法以足够的重视。教师要给学生以足够的时间和空间去朗读，使朗读成为课堂语音教学的"热点"，提高学生朗读质量。让学生从朗读中加深理解和体验，有所感悟和思考，受到情感熏陶，获得思想启迪，享受汉语学习的乐趣。当然，在朗读教学中依旧存在很多的问题，如适合的朗读材料的匮乏，教师的朗读素质不高以及学生对朗读材料的预习程度不够等，都有待我们继续探索，解决这些问题。

二、听说法

随着经济全球化的不断加深和中国综合实力的不断提高，我国与世界各国之间的交流与合作也不断加强，越来越多的外国人开始学习汉语，了解中国文化。中国也在世界各地设立了超千所孔子学院和孔子课堂，为外国人教授汉语和中国文化，而在教学的过程中选用一种有效的方法将会大大提高学习汉语的速度和质量。听说法是汉语教学课堂中一种常见的教学方法，兴起于 20 世纪 40 年代的美国，目前已发展成为一套完整的教学法体系，但是我们在实际运用听说法进行课堂教学的过程中仍然会遇到一些问题，这些问题值得我们去分析和思考。以《汉语初级强化教程综合课本Ⅰ》中的第七课《你们班有多少个学生》为例，通过详细地分析教学流程和教学效果以及教学过程中的不足来提出解决这些问题的方法。

1. 听说法的基本理论

听说法产生于 20 世纪 40 年代的美国，并于五六十年代盛行于美国乃至世界各地。"听说法强调通过反复的句型结构操练培养口语听说能力，又称'句型法'或'结构法'。"听说法的出现和发展与当时美国的政治有着密切的关系。它最初用于培养为政治所用的人才，20 世纪 50 年代开始逐渐在中学和高校教学中得到运用。

听说法的语言学理论基础是美国结构主义语言学，其代表是布龙菲尔德，心理学理论基础是行为主义心理学,代表教材是《英语900句》。基于听说法的理论基础,其主要特点可以概括为重视听和说的能力;强调反复操练、模仿和记忆;重视语言形式,以句型为中心;用目的语教目的语,忽视了母语在教学中的作用。

2. 听说法的教学实践

《汉语初级强化教程综合课本 I》第七课《你们班有多少个学生》分为课文、生词、注释、汉字知识、语法、练习和文化小贴士七个方面的内容,在课文之前注明了本课的常用句型和功能项目。根据美国布朗大学特瓦德尔对于听说法教学过程的划分,我们将按照以下流程完成整个教学过程。

① 认知:利用 PPT 呈现课文中的主要人物和课文内容。本课的课文内容是学生 A 和学生 B 的对话,课文呈现之后全班集体朗读课文,之后请四位同学分角色朗读,熟悉课文内容。完成后教师设置问题,通过提问的方式检查学生对于课文内容的掌握程度。

② 模仿:生词的讲解也利用 PPT 来呈现,针对这部分教师应为学生设立一定的语境,利用句子的形式来教授生词,句子最好是课文中的句子。教师领读句子,学生跟读,模仿教师的发音和句读。应尽量大量的模仿,通过大量的模仿使学生加深记忆。语法的讲解与生词大致相同。

③ 重复:练习环节中的朗读词语和根据课文内容填空即为重复的过程。词语为生词或者两三个生词的组合,通过提问的方式,学生反复不断地朗读词语和课文,进一步熟悉语言材料。

④ 变换:等学生基本掌握了生词和课文,可以设计选词填空、替换练习和扩展练习,让学生反复操练,使学生掌握的知识点更加牢固,同时通过替换和扩展训练使学生灵活运用知识点。

⑤ 选择:设计一个开放性的练习,比如在 PPT 上呈现一张两个人讨论的图片,讨论的话题是"你们家有几口人?"安排学生分组对这一话题展开讨论,之后请同学表演。

以上就是本节课的具体教学流程,听说法注重培养学习者的听说能力,力求通过大量的输入和反复操练,使学生达到能够脱口而出的程度;同时强调句型的重要性,无论是在生词还是语法的讲解中都是通过句子的形式练习的,能够使学习者较好地掌握句型。然而,听说法也有不足和缺陷。它过于侧重培养学习者听和说的能力,而忽略了读和写的能力的培养,如本课有汉字的知识,但是根据听说法的特点在教学的设计上忽略了汉字的笔顺和写法,而写汉字恰是留学生对外汉语学习中最难的一部分;在生词和语法的讲解中忽视了对其意义的分析,只强调利用句型进行机械的操练,而在实际的语言交际中,如果不懂词汇或者语法的意义,则有可能造成表达上的偏差;听说法注重反复地模仿和机械地操练,忽视了学生在学习过程中的创造性,不利于学生对所学知识的灵活运用。

听说法的出现对于第二语言教学法的发展起到了很大的推动作用,它第一次把教学活动放在科学的基础上,并提出一系列符合第二语言教学规律的重要原则,现在仍被认为是正确的。因此听说法目前在全世界内仍受到广泛地欢迎，历经七十年长盛不衰，并被认为是经验派教学法的代表。然而没有一种教学法是尽善尽美的，听说法的特点决定了它不能满足语言学习的全部要求，因此在某些语言知识的讲解和练习上必须根据实际情况采用其他的教学方法，这样才能提高教学质量，达到最佳的教学效果。

三、选词填空法

在对外汉语教学体系中，词汇教学占非常重要的地位，是学生学习和理解课文的前提，是学生掌握和扩大词汇量的重要手段。如何让学生在短时间内，认识、理解、记忆词语，并最终能熟练运用所学词语进行交际，是每个汉语教师所关注的问题。另外，在我们的课堂词汇教学中，有些课文的词汇比较多，如在《桥梁》《孔乙己》中有词语 117 个，要在有限的时间内完成词汇教学任务，汉语教师就面临着这样的一个问题，即那么多的生词，该怎么给学生讲解？是全部讲，还是部分讲？全部讲，时间不够，课堂上也不可能实现。所以，只能权衡轻重，选择部分重点词语进行精讲操练。那么，哪些词语是应该在课堂上重点讲解的，哪些是应该略讲的呢？

1. 从词性上看，详讲虚词，略讲实词

汉语词汇中，名词、动词、形容词、叹词、象声词等，因为其词义具体，所指对象明确，所以可以在课堂上略讲，甚至一带而过。而介词、连词、副词等虚词，因词义抽象、理解困难，是学生学习的难点，所以要挑出来详细讲。

（1）介词

介词是汉语教学的一个难点，汉语中的介词虽然不是很多，但其搭配却非常广泛。从意义上看，它们可以引出时间（当、在、从、离），引出方向（向、往、朝），引出对象（对、跟、和、比、为、给），引出目的、原因（为、为了），引出施事或受事（把、被、叫、让），或者表示排除或加合等。另外，很多介词的词义是从动词或名词虚化而来，介词词义与原义有什么不同，用法上有什么不同等，都是学生关心的问题。如"在"，既可做动词，又可做介词，教学中必须给学生指明。例如：

① 他在学校，不在家里。（动词）

② 他在学校里看书，不在家里看书。（介词，引进地方）

③ 在今天晚上他一个人去了学校。（介词，引进时间）

讲解介词，要结合课文中介词的词义，引导学生不断说出相同语境下的搭配组合来，从而使学生加深印象，取得较好的学习效果。如果学习的内容是介词的新的词义，那么还要注意总结介词的用法，让学生区分不同情况下的不同用法。

（2）副词

出现在动词前，对动词的时间、范围、程度、频率、语气、情态等方面进行描写、修饰、限制。副词的意义比较晦涩，不太容易懂，是词汇教学中的难点和重点。副词的教授，首先，要引导学生注意副词与副词之间的区别。例如：同是表示时间的副词，"已经""正在""总是"有着明显的意义差别。"已经"是指过去发生的事；"正在"是表示正在发生的动作或存在着的现状；"总是"则是时间范围内从起点到终点动作或状态的持续存在。我们把这些细微的差别教给学生，就能加深其印象，也有利于其理解。其次，要引导学生注意副词所表达的内容上的细微差别。如"挺好"与"特好"等。

（3）连词

有的是连接词和词组，有的是连接两个分句。前者如"和"（我和你；老虎和狮子），后者如"不但……而且……"（不但好吃，而且好看）。连词教学，要引导学生注意连词所连成分之间的关系，是相近还是相反，是递进还是递减等。对于连接分句的连词，要注意考察前后两个分句意义的联系。

（4）助词

助词，顾名思义，就是本身没有语法意义，依附在其他词语身上，与之一起完成语法作用。如"的、地、得"。"的"与名词、代词、形容词等一起使用，出现在名词前面，对它的大小、颜色、性质、归属等方面进行修饰、限制、说明。"地"与副词、形容词等词语一起，出现在动词前。对动作或状态进行描写（欢天喜地学开车）。"得"出现在动词后，引进补语，补充说明动作的结果、程度、时间、数量等。汉语中的助词不多，但教起来却不容易，学生也难以把握。讲解这类词语时，我们第一要注意它助什么词；第二要注意它位于所助词语的前面还是后面。此外，对于某些助词相互之间的细微差别，也要向学生指明。

2. 从文化角度上看，典型的文化词语应该教给学生

所谓典型的文化词语，是指那些汉民族特有的文化现象产生的词语，如"红娘、旗袍、月老"等。在学生所属的民族中，没有相似的文化现象，也就没有相对应的词语。如"红娘"，原是《西厢记》里的一个角色，因为其热情地为男女主人公张罗婚事，而成为媒婆的代名词。在学习时，一旦遇到这样的词语，教师一定要给学生解释清楚，不然学生就会望文生义，将词语的意思理解错误。文化词语的讲解，一方面扩大了学生的词汇量，另一方面也向学生介绍了汉民族特有的文化现象，易引起学生的兴趣，是促进学生进一步学习汉语和汉族文化的有效方法。

3. 从词的意义出发来看，多义、反义、近义、同义词要讲解

词，是一个音义结合体，词所概括的意义就是词义。有的词义概括比较具体，就形成了实词，有的词义概括比较抽象，就成了虚词。在教学中，对词义上有同义、反义、近义等关系的词语进行比较学习，可以加深学生对词语的印象，从而收到较好的教学效果。多义词具有两个或两个以上的义项。例如："打"，可以有"打人、打篮球、打开水、打的"等组合形式，同一个"打"却表示了不同的含义。我们不主张多义词第一次出现时，马上就把所有义项都讲解给学生听，那样，只会增加学生的记忆负担。我们认为，当一个新的义项出现时，我们再给学生归纳总结多义词的意义和用法，有利于学生区分多义词各义项之间的关系，从而达到正确理解和运用的目的。

如果两个词的词义相反或相对，那么这两个词就是反义词。相反是指绝对对立，肯定一方就是否定另一方，否定一方就是肯定另一方。相对，是指相对对立，即肯定一方必否定另一方，但否定另一方不一定能肯定这一方。词义之间存在着相对的第三个词义。例如，"黑"与"白"，在这两个词语中间，还有灰白、浅黑等中间状态的存在。在学习生词时，如果有成对出现的反义词，当然更好，可以联系起来记忆，减轻记忆负担。如没有成对出现的反义词，我们可引导学生复习已学过的反义词，这样既复习了旧词，又巩固和加深了对新词的印象。

意义相近的一组词，可以称为近义词。近义词的教学，关键是近义词的辨析，并在辨析的基础上，区分它们的用法。近义词辨析应根据词性的具体不同进行：对于名词，可从大小、色彩等方面进行辨析；对于动词，可从动作的施事与受事、动作的目的及定语等角度进行辨析；对于形容词可从描写对象、重叠以及语法功能等方面进行辨析等。方法是多种多样的，每位教师可找出适合自己的具体方法。

总而言之，我们只有从众多的词语中，挑出代表性的词语讲解，才能节约时间，增加练习词语的时间，从而取得最佳的教学效果。

第三节　词语辨析的技巧

词汇是语言的重要组成部分，如果词汇教学没有收到很好的效果，整个对外汉语教学的效果都会受到影响，所以应对词汇教学给予足够的重视。

一、对外汉语教学中词语辨析的重要性

对外汉语教学的目的是教会外国留学生用汉语进行交际。词汇教学是对外汉语教学的基础。词汇教学质量要过关，就要将词语辨析作为重点来讲解。由于汉语对于留学生来说

是第二语言，与母语习得不同，留学生缺乏相应的语言思维，在词语应用上会发生偏误。这就需要教师讲清楚词语之间的不同，包括读音、意思以及用法等。

二、对外汉语教学中易混淆词的界定

在对外汉语教学中，需要辨析的词语只有一小部分是教师根据授课内容提出来的，而更多的是由留学生提出来的。辨析的词语不仅包括近义词，还有其他的词类，有的学者称之为易混淆词。易混淆词大多来自留学生的中介语。在教学中，留学生经常问"这个词和以前学过的词哪里不一样"。比如在对外汉语教学中经常遇到的一些实例，前面是新生词，后面则是留学生提出来需要辨析的："不由得—忍不住""看不起—欺负""权衡—考虑""礼节—礼貌""招待—接待—借代"。

有的词，教师觉得没有必要辨析，但是留学生不会用，学生提出问题时，教师就需要给学生进行辨析。辨析词语不仅仅局限于同义词之间，还有很多词是需要辨析的。

三、对外汉语词汇教学中易混淆词的具体内容

一般情况下的词语辨析，我们认为是近义词之间的辨析，这个范围是有局限性的。因为留学生受母语思维的干扰，发生偏误的情况不仅出现在同义词之间，在某些音同、形似的词语之间也会出现。这些易混淆词语包括多方面的内容。

1. 近义词的辨析

近义词是意思相近的词语。留学生在学习了一段时间的汉语之后，想要表达准确的意思，容易出现不知道选择何种方式表达的情况。对近义词意思拿捏不准，用法含糊不清，都是造成这种现象的原因。教师在讲解近义词辨析时，要从词义的语义轻重、使用范围、感情色彩、语体色彩等方面进行讲解。

（1）近义词辨析的必要性
近义词辨析会伴随对外汉语教学的始终，同时也是重点和难点。

① 对教师来说，那些准备好的或者已经掌握的近义词，在讲解的时候可以做到胸有成竹、条理清晰、重点突出。但是，如果学生突然问起一组教师不太常见或毫无准备的近义词时，有些教师就会感到紧张，解答时会觉得不尽如人意。在教学过程中，近义词辨析的问题会伴随教学的始终。所以，我们不能因为它难而忽视它，而是应该掌握扎实的理论知识，熟练运用近义词辨析的方法，游刃有余地运用到教学中。

② 对学习者来说，随着学生汉语词汇量的增大，每学习一个新的词汇，都有可能因为与之前学过的某词相似而对其造成困扰，又因为近义词之间往往存在语义轻重、侧重点、适用范围等方面的不同，无法区分这些近义词将直接影响留学生语言表达的准确性。同时，

大量掌握近义词可以避免词语单调的重复，留学生在使用汉语时可以更生动形象。此外，在 HSK 的考试中，涉及大量近义词辨析的题，掌握正确的辨析方法，可以帮助留学生在考试时解决这类难题。总之，无论是教师还是学习者，近义词辨析方法的掌握都是十分必要的。

　　（2）近义词辨析的方法

　　近义词辨析应该包括两个方面："求其同"和"辨其异"，近义词的相同点比较容易，不再赘述。留学生误用近义词，往往是因为它们同中有异。笔者认为，近义词辨析可从词汇意义、语法意义和色彩意义三个大方面入手。

　　① 辨析词汇意义。

　　在讲解词的意义时，可以通过分析语素辨析，虽然此方法只适合于部分近义词，但对留学生掌握汉语词义还是有一定帮助的。通过语素义的辨析，近义词在词汇意义上的差异表现在语义轻重、侧重点和范围大小三方面。

　　a. 语义轻重不同。

　　有些互为近义词的一组词，它们共有义项的语义轻重不同。很多情况下可以通过"异语素"的辨析区分。例如："我就是嗜好游泳，其他运动我都不感兴趣。"很明显这个句子没有区分"嗜好"和"爱好"。"爱好"侧重"爱"，是一种正常的"喜爱"；"嗜好"侧重"嗜"，是一种特殊的"喜好"，以致带有偏执的程度。因此，前者词义较轻，后者词义较重。正确的句子应该是："我就是爱好游泳，其他运动我都不感兴趣。"要让学生明白这类近义词的突出区别是语意轻重不同。

　　b. 语义侧重点不同。

　　有些近义词如果抓住它们的不同侧重点，在使用的时候就很容易区分开。例如"他太不讲理，不能满意他的要求。"这个句子没有弄清"满意"和"满足"的区别。"满足"的往往是"需要"，而"满意"的是"表现"。因此，前者的宾语常常是"要求""条件"之类，而后者的宾语常常是"表现""态度"等词语。所以，正确的句子应该是："他太不讲理，不能满足他的要求。"学习者在使用这类近义词时，要斟酌它们的语义侧重点，提高语言表达的准确性。

　　c. 语义范围大小不同。

　　有些近义词虽有相同的义项，但是有的近义词语义范围不同。例如，"边疆"和"边境"都是指远离内地靠近国境的地区，但两者所指范围不完全相同。"边疆"是指靠近边境的领土（包括国与国接壤的边界），范围比较大；"边境"是指靠边界（国界）的地方，范围比较小。又如"战争"和"战役"也有所指范围大小的不同。这类近义词，往往可以通过简单的字面意思区分，难度不大。

　　② 辨析语法意义。

　　从语法意义上进行辨析时要注意词语的词性和搭配特点。

a. 词性不同。

有些近义词，虽然它们语义相近，但是它们的词性并不同，所以它们的语法功能也会不同。比如："合适"是形容词，可做定语，也可做谓语，如"合适的人选""特别合适"；"适合"是动词，只能做谓语，如"适合你""适合搞艺术"，明确"适合"和"合适"的词性，学生在使用时就可以避免误用情况。

b. 搭配对象不同。

由于词义、词性不同，在搭配对象方面也不同。能够记住一些典型的搭配，对学生提高汉语表达能力很有帮助。例如，"由于忙于工作，忽视了孩子。"

"忽视"重在"视"，强调的是不够重视或掉以轻心；"忽略"重在"略"，强调的是有所遗漏或没顾及。二者在搭配对象上是有差别的，有些词语只能和"忽略"结合，如"孩子""学生"等，这是因为许多事情并不想轻视，只是可能顾及不了。所以，正确的句子应该为"由于忙于工作，忽略了孩子"。

③ 辨析色彩意义。

理性义是词义中的主要部分，词还有附属于理性义的色彩义。有些近义词不同，主要表现在它们的色彩意义不同，色彩意义可以从感情色彩、语体色彩和形象色彩三方面来考虑。

a. 感情色彩不同。

带有感情色彩的词语可以分为褒义词、贬义词和中性词。例如："结果"泛指最终状况，可指好的方面，也可指不好的方面，主要做中性词。"成果"侧重指在工作事业上的收获，一般用于工作、科研等对象，是褒义。"后果"侧重指事物发展的不好的结局，搭配对象多是不好的现象，多用于消极方面，是贬义词。学生可以抓住这类词使用的典型环境和常与之搭配的词语辨析。

b. 语体色彩不同。

有些词语由于经常用在某种语体中，便带上该语体所特有的色彩，"恐惧"和"害怕"语体色彩不同。"恐惧"多用于书面语，如"万分恐惧""恐惧不安"等相对固定的表达；"害怕"多用于口语，除了"不安和发慌"的意思外，还经常表示担心、顾虑，如"害怕老鼠""害怕考试"等。选择具体语体色彩的词，同使用的场合有关，也同说话人的文化修养有关。

c. 形象色彩不同。

表示具体事物的词，往往给人形象感，这种形象感来自对该事物的形象的概括。例如："鲸吞蚕食"和"狼吞虎咽"，它们都表示往肚子里吃东西的过程，但在形象上却达到不同的效果。"鲸吞蚕食"指像鲸鱼吞食一口吞下，像蚕吃桑叶逐步侵占，而"狼吞虎咽"让人仿佛看到狼虎吃东西时又急又快、迫不及待的模样，达到了不同的表达效果，形象而生动。

（3）近义词辨析的建议

① 掌握方法，思路清晰，理性分析。

首先，不能想到什么说什么，毫无头绪。而应该做到思路清晰，从宏观上理清自己分析的步骤，并且要将近义词辨析的种种方法内化为自己的东西，灵活运用，不要被条条框框所困。其次，在辨析近义词时，要做到突出重点，适当放弃非重点，理性、客观、全面、真实地对互为近义词的一组词进行辨析。让学生可以清晰明了地记住这组近义词的突出区别，减轻他们记忆的负担。

② 例子先行，典型突出，概括区分。

近义词辨析时，要把近义词放到语境中去考察，首先要尽可能多地说句子；其次，互相替换，并对例句进行归类；最后，对种种替换情况分类并概括说明，指出同义词在哪些方面有差别。要记住例子先行，用具体的组合和例子说话，要有说服力，更容易记住，加快学生对知识点的掌握。这些组合和例子要贴近学生的学习和生活，要具有代表性，即例子要典型。这样会让学生觉得学有所用，从而激发他们的学习热情。

③ 积极参与，精讲多练，讲练结合。

在辨析近义词时，学生很难和教师形成良好的互动。一般是教师讲学生听。然而，这样效果并不好，学生才是学习的主体，教师应该积极地引导学生，调动学生学习的积极性和创造性，尽可能多地鼓励学生说例句，然后通过学生的例句辨析近义词。此外，还要注意精讲多练，随讲随练，讲练结合，这样才能将学到的知识通过多次的"刺激—强化"后为学生所掌握。

近义词辨析对对外汉语教学很重要。要很好地解决这一难点，必须掌握近义词的辨析方法，遇到近义词时首先要镇定自若，做到心中有数，其次要谨记例子先行，典型突出。在实践中，渐渐地将近义词辨析的方法转化成自己的一种能力，运用到学习和教学中。

2. 多义词的辨析

多义词是指同时有多个义项的词语。由于同一个词语有多个义项，留学生在进行应用的时候需要考虑语境，这就要求留学生不仅要掌握词语的基本义，还要熟悉词的引申义以及比喻义。教师在教学中需要特别注意多义词的讲解，先讲哪个义项，后讲哪个义项，要考虑这个义项的使用范围还有留学生的水平。

"爱"是汉语中的高频词汇，是表情绪的心理动词。"爱"在《现代汉语词典》（第五版）中的解释如下：①动词，指对人或事物有很深的感情；②动词，喜欢；③动词，爱惜；④动词，常常发生某种行为；容易发生某种变化；⑤名词，姓。

第⑤义项作为特殊用途的姓氏，不在本文考察范围。①②③义项具有"情感"的语义特征，④则不具备。吕叔湘也对这个义项做过解释：容易发生。必带动词、形容词宾语，宾语通常是说话人主观上不愿发生。这一义项的"爱"可以用"容易"替换。例如：

① 铁爱生锈。→ 铁容易生锈。

② 他是平足，走远路爱累。→ 他是平足，走远路容易累。

以下两例则可以用"习惯"替代，例如：

③ 他那乡下来的阿姨爱穿睡衣去买菜。→他那乡下来的阿姨习惯穿睡衣去买菜。

④ 南方人爱吃米饭，北方人爱吃面食。→ 南方人习惯吃米饭，北方人习惯吃面食。

不管是例①、②中表"容易"义的"爱"，还是例③、④中表"习惯"义的"爱"，由它们构成的句子都可表惯常义。"惯常"是一种活动，被视为持续一段时间的情况，在英语中用"used to"及一些词汇标记如"often""frequently"等来表达。汉语中的叠结式"每当……会……、每……都……、一（量）……一（量）……"是表惯常义的形式标记，"常常、往往、回回"等是表惯常义的词汇标记。

由于"爱"是个高频词汇，在《汉语水平词汇与汉字等级大纲》里属于甲级词汇，留学生较早学习。我们发现，前三个义项的"爱"使用准确率较高，而义项④却很少使用，使用后的准确率也很低。由于前三项具有"情感"的语义特征，可以归为一个认知域，义项④不具备，属于另一认知域。为区分不同，我们把它分为"爱1"和"爱2"。

对"爱"的对外汉语词汇教学，首先要区分句法功能，搞清楚其在语言的实际运用中和别的语言成分相互之间的关系。

（1）"爱1"和"爱2"在句法上的区别

① 是否可带"着""了""过"。

a. 她为人规矩，死心塌地爱1着孤儿出身、比她小几岁的庆生。

b. 在这样的情形之下，我爱1了别人，与他有什么相干？

c. 她一生只爱1过他一个，而他却无情地伤害了她。

d. 北方人爱2吃面食，南方人爱2吃米饭。

由语料可知表情感义的"爱1"可带时体标记，而表惯常义的"爱2"则不能。

② 是否可带宾语和受程度副词修饰的。

"爱1"可以带名宾和谓宾，也可受程度副词修饰；"爱2"后只可跟谓宾，且不可受程度副词修饰。

a. 多数人很爱1他，一些人不喜欢他，但没人真的恨他。

b. 孙福明也很爱1穿运动服，连毛衣也订成运动服式样。

c. 小孩和老人爱2早起早睡，年轻人则爱2晚起晚睡。

"爱2"可受频度副词"往往、常常、通常、老、总是"修饰，却不能受程度副词修饰，而"爱1"虽可受程度副词修饰却不能受频度副词修饰。例如：

d. 他妈妈很爱1他的大哥。

e. 有的药品厂家的说明书不是直接注明每次服用几片、几粒，而往往爱2用克、毫克之类的单位。

③ 是否可以进入兼语句。

"爱1"可带兼语，兼语后多是形容词短语；"爱2"表示原因，则不能。

a．他也不是爱 1 她投毒，而是爱 1 她有一颗需要拯救的灵魂。

b．我爱 2 他勤奋好学。

④ 是否加程度补语。

判断心理动词能否带程度补语的框架有"～得很 / ～极了 / ～多了 / ～得多 / ～得要命 / ～一些 / ～一点"，我们拿前两个测试能力较强的"～得很 / ～极了"，看它们与爱1、爱2的组合情况：爱1得很 / 爱1极了；爱2得很 / 爱2极了。

⑤ 有无否定形式。

"爱1"前加"不"和"没"表否定，例如：

a．他看上去很笨重，平时也不爱 1 活动。

b．我上大学的时候就认识他，一开始真没爱 1 上他。

由"爱2"做谓语动词构成的句子表达一个肯定的规律，而在其前加上否定标记形式则意味着该惯常命题表达一个否定的规律。所以，严格地说，惯常事件是没有否定的。如：

c．她在睡前爱 2 把被子塞得严严实实。

d．她在睡前不爱 2 把被子塞得严严实实。

"她在睡前爱把被子塞得严严实实"是一个习惯（一条规律），但是"不"和谓语结合后"她在睡前不爱把被子塞得严严实实"是表达了一条新的规律，而不是否定整个命题。

（2）语义区别

相关成分的可重复性要求。

"爱1"是一种心理状态，是"续点和终点很弱的心理动词"。比如："我爱看电影"中的"看电影"不能分割为一个一个独立的有界事件，不能说"我今天爱看电影""我明天爱看电影"。"我爱看电影"指的就是当下的状态。而"爱2"后的事件可以分解为一个一个独立的有界事件，如："夏天这儿爱遭蚊了"指的是每年一到夏天蚊子就来这儿，一年四季的轮回正体现了爱2后的事件的可重复性。

因此，"爱2"要求相关的成分都具有可重复性。首先是要求其后事件中的动词具有可重复特征，如"咳嗽、感冒、不停地眨眼睛"都是可重复的动词，不可重复的动词，如"出生、死亡"不能出现在爱2构成的事件里。另外，对修饰成分，如时间词的选择也要考虑到是否可以体现事件的可重复性。

a．有段时间我闻到花香总爱 2 打喷嚏。

b．前几年我老爱 2 往医院里跑。

句中的时间词都表示时间段，不表示时间点，使得其后的事件在一个有界的时间段内具有发生的可重复性。

以上分析的是"爱1"和"爱2"在句法和语义上"存异"之处，把握形势区别对正确使用词语具有重要意义。通过对"爱1"和"爱2"考察，我们认为：一方面对外汉语教师要有扎实的语言学功底，能够对不同义的词汇在本体上做细致入微的分析，找出差异，即"存异"之处，并且能够提炼出最简略的形式，让汉语学习者一目了然，方便使用。另一方面，多义词的学习也不能割裂各个义项之间的联系，而隐喻在它们之间起了一座隐形桥梁的作用。它可以让学习者在学习一词多义的词汇的过程中参与语言内部规律的探究和认知加工过程，积极思考，而不是被动接受和机械记忆。这是多义词学习的"求同"过程。

（3）隐喻和"爱"的对外汉语词汇教学

隐喻认知理论认为，人们是从认知基本范畴的事物开始认识世界的。最初的词汇多表示具体可视化的事物和直观的行为，是身体直接体验的结果。随着客观世界和人类内心世界得越来越复杂，需要更多的词汇来表达。人类将未来的概念和已知的事物相联系，通过始源域和目标域这两个认知域的相似性，利用隐喻的创造性来认知新事物、发展词义。

在对外汉语词汇教学中，一方面要注重本义"爱1"和引申义"爱2"在形式上的区别，这是"存异"之处，另一方面要利用隐喻作为词汇多义词形成的方式来"求同"，找出词义间的联系，提高教学效果。因为隐喻是人类共同的认知活动和思维手段，在很多语言中都存在隐喻现象。教学时，教师可以借助这一认知共性提高学生的隐喻意识，把汉语多义词不同意义形成的方式介绍给留学生，这有助于他们在今后的词汇学习中做到举一反三，有利于学生更好地掌握词语，更好地使用和交际。

3. 同音词、同形词的辨析

同音词（异形）是指声母、韵母和声调都相同的词。如果没有文字只有语音，就特别容易产生歧义。比如"反映"和"反应"，意思不同。"反映"指从客观事物实质表现出来的，如"反映情况"；"反应"指机体受到了刺激而引起的活动，引申为事情所引起的意见、态度或行为，如"他没反应过来"。讲解完语义可以列举例句进行区分。

同形词是指形体相同、语音形式不同的词，即形同、音异、义异。比如"大夫"，读音为"dà fū"时，是古代的一种官职；读音为"dài fu"时，是现代给人看病的一种职业，词语的意思完全不同。教师应教会留学生根据语境判断出词语的正确读音。

4. 形近词的辨析

有些词字形相似，音、义有交叉，很容易混淆。比如"记事"和"事记"，词素相同，意义相似。"记事"多指记叙历史经过；"事记"是指发生过的历史事件。这类词是特别需要进行辨析的，教师在授课中应该给留学生提供较多的例句来进行练习。

四、对外汉语教学中词语辨析的原则

1. 方法要简单实用，在课堂上可操作性强

教师不要给学生讲解太多我们母语辨析的方法，这样会给人"搞研究"的错觉，尽量用简单易懂的方法给学生讲解。比如"忽然"和"突然"，"万万"和"千万"。

忽然：副词，不能做形容词。突然：形容词。例如："这个事故发生得太突然了。"

万万：常用于否定，只有在祈使句的否定形式时和"千万"意思是相同的。千万：一般用在祈使句中。例如："这个人你千万不能管（可以用'万万'替换）。""你千万要去找他（不可用'万万'替换）。"

2. 词语辨析用语要符合留学生的汉语水平

在对外汉语教学中，课堂上不应该出现超纲的词语。对于低年级的学生，教师的课堂用语就需要简单明了，词汇、语法以及例句的展示都应该符合低年级学生水平。词义辨析的时候，也要遵循这个原则。

解释语不要过于难懂。解释用语不能超过被解释词的难度。比如"价格"解释成"价值的货币表现，与价值不完全相等"，这样学生就很难理解，汉语母语者也要反复几次才能理解，而解释成"卖商品需要付的钱数"就明显易懂很多。另外，像"词的附属义、兼类词、词义的侧重点"这些术语在留学生的课堂上也应该尽量避免使用。

3. 重视典型例句的运用

在对外汉语教学的课堂上，设计例句的时候，要带有社会文化语境色彩，能够充分反映该词语的语义、语法和语用限制，还要有效展示词汇的语法特点，提供充足的语义信息以及实际的语用价值。例如，讲解"毕业"一词，例句："我马上就要毕业了。"这个句子没有提供语境，没有体现毕业的意思也没法说明它的用法，"毕业"这个词可以换成任意的动词，如"出国、上课、吃饭、洗澡"等，所以这个例句可以说是一个无效的例句。有时候教材上的例句也会这样，表面上设置了语境来解释词语，但所举的例句其实都是词语的同一组用法，这样的例句是不成功的。仍以"毕业"为例："我已经读了四年大学了，马上就要毕业了。"虽然有了前面的语境，但是"毕业"只是单独做谓语的情况，其他搭配没有体现。可以设计这样的例句："我是从济南大学毕业的。""老师说，会考不及格，就毕不了业。"这样就充分展示了语法搭配并且注意了语用和语义。

4. 集中精力解决主要问题

我们都知道世界上没有完全相同的两个人，词语辨析就像比较两个人一样。人的比较可以从某些显性的特征进行，包括性别、身高、年龄等；还可以比较隐性的特征，如血型、

体脂含量、肌肉量等。按这个思路进行下去，无穷无尽，很难有个结果。以此类推，词语辨析也是如此，简单比较几个方面就可以，如果将全部因素进行比较，有些词语辨析都可以写成一篇论文。教师在给留学生讲授词语辨析的时候，不需要做到面面俱到，也不用像写论文那样洋洋洒洒一大篇，只需要先解决他们当前遇到的问题和困惑即可。也就是留学生需要什么就给什么，这样碎片化供应，才能使留学生更好地吸收知识。

参考文献

[1] 吴勇毅 . 对外汉语教学法 [M]. 北京：商务印书馆，2012.

[2] 高燕 . 对外汉语词汇教学 [M]. 上海：华东师范大学出版社，2008.

[3] 黄伯荣，廖序东 . 现代汉语 [M]. 北京：高等教育出版社，2011.

[4] 胡壮麟，朱永生，张德录 . 系统功能语法概论 [M]. 长沙：湖南教育出版社，1989.

[5] 高燕 . 对外汉语词汇教学 [M]. 上海：华东师范大学出版社：2008.

[6] 魏晏龙，田建国 . 对于马林诺夫斯基语境观的再分析 [J]. 西安建筑科技大学学报（社会科学版），2012（2）.

[7] 王麒凤 . 语境与翻译 [J]. 皖西学院学报，2006（4）.

[8] 胡壮麟 . 语境研究的多元化 [J]. 外语教学与研究，2002（3）.

[9] 王初明 . 补缺假设与外语学习 [J]. 外语学刊，2003（1）.

[10] 王建华 . 关于语境的定义和性质 [J]. 浙江社会科学，2002（2）.

[11] 梅立崇 . 汉语国俗词语刍议 [J]. 世界汉语教学 .1993（01）.

[12] 黑琨，王凤苓 . 对外汉语教学中的文化因素教学 [J]. 山东教育学院学报，2006（3）.

[13] 杨惠元 . 强化词语教学，淡化句法教学——也谈对外汉语教学中的语法教学 [J]. 语言教学与研究，2003（1）.

[14] 关英伟 . 对外汉语语音教学的盲点——试论朗读教学在对外汉语语音教学中的作用 [J]. 桂林师范高等专科学校学报，2008（3）.

[15] 祁玲，文静 . 对外汉语教学中的"跟随朗读＋阅读"教学法 [J]. 咸宁学院学报，2009（4）.

[16] 侯亚光 . 朗读教学——对外汉语教学中的一个缺失环节 [J]. 语言文字应用，2005（S1）.

[17] 游泽生 . 朗读教学的本质探析与设计原则 [J]. 毕节学院学报，2011（11）.

[18] 陈晓均 . 对外汉语教学中的国俗词教学探析 [D]. 重庆：重庆师范大学，2013.

[19] 王敏 . 对外汉语词汇教学的国俗语义视角 [D]. 上海：上海外国语大学，2012.